世界中からいただきます！

文　中山茂大
写真　阪口克

はじめに

こんにちは。

旅行《りょこう》ライターの中山茂大《なかやましげお》です。世界各地《せかいかくち》を旅《りょ》行《こう》して、そこで見聞《みき》きしてきたものを文章《ぶんしょう》に書《か》くしごとをしています。今回《こんかい》はカメラマンの阪口《さかぐち》克《かつみ》とふたりで、世界各地《せかいかくち》のご家庭《かてい》に「居候《いそうろう》」してきました。

みなさんは「居候《いそうろう》」って言葉《ことば》を聞《き》いたことがありますか？　他人《たにん》の家《いえ》にタダで泊《と》めてもらって、ごはんを食《た》べさせてもらうことです。

フラッとあらわれて、なにをするでもなくブラブラして、たまにしごとを手伝《てつだ》って、いっしょにごはんを食《た》べて、家《いえ》のすみっこに寝《ね》かせてもらって、そして気《き》がついたらいなくなっている。いてもいなくてもいいような、空気《くうき》のような存在《そんざい》。それが「居候《いそうろう》」です。

じつはこのスタイル、ふつうのご家庭《かてい》を取材《しゅざい》するのに、ちょうどいいんです。空気《くうき》のような存在《そんざい》になることで、家族《かぞく》の素顔《すがお》や、いつもと変《か》わらないかざらない生活《せいかつ》が見《み》えてくる。それが居候《いそうろう》のいちばんの利点《りてん》です。こうしてたずねたご家《か》庭《てい》は、ぜんぶで十四カ国《こく》、十七家族《かぞく》になります。

この本《ほん》では、世界各地《せかいかくち》のご家庭《かてい》で食《た》べたごはんと、それにまつわるお話《はなし》をあつめてみました。

なぜごはんなのかというと、その土地《とち》のごはんを食《た》べることは、その土地《とち》になじむためにいちばん手《て》っとり早《ばや》い方法《ほうほう》だからです。お母《かあ》さんが作《つく》ってくれたごはんを、家族《かぞく》といっしょに食《た》べることは、家族《かぞく》にうけいれてもらうための第一歩《だいいっぽ》です。「おなじ釜《かま》のメシを食《く》う」ってよくいいますよね。おなじごはんを食《た》べることは、なかまに入《い》れてもらうための、とても大切《たいせつ》な「手《て》つづき」なんです。

世界各地《せかいかくち》のお母《かあ》さんの手作《てづく》りごはんを通《とお》して、読者《どくしゃ》のみなさんが、世界《せかい》のさまざまな人《ひと》びとのくらしに興味《きょうみ》をもってくれたら幸《さいわ》いです。

人力社《じんりきしゃ》（文章担当《ぶんしょうたんとう》）　中山茂大《なかやましげお》

ある日《ひ》とつぜん、外国人《がいこくじん》のおじさんふたりが、きみの家《いえ》に遊《あそ》びにきたら、どうしますか？　大《だい》事件《じけん》ですよね!!

じいちゃんとばあちゃんは、見《み》たこともないキレイな服《ふく》に着《き》がえてるし、お母《かあ》さんは、急《きゅう》にバタバタ大《おお》そうじ！　アレアレ？　お父《とう》さんは、なんだかデカイお肉《にく》を買《か》ってきた!!　きみや近所《きんじょ》の友《とも》だちは、ドアのすきまにあつまって、なかをのぞくのに大変《たいへん》だ。とにかく、とんでもない大《おお》さわぎ、まちがいなしです。

そんな、お祭《まつ》りさわぎも一段落《いちだんらく》した、三日《か》目《め》くらいの晩《ばん》ごはん。そろそろお母《かあ》さんも、ごちそうを作《つく》るのにつかれてきて、テーブルの上《うえ》には、見《み》なれたいつもの晩《ばん》ごはんがのっています。

そのころには、きみたちと外国人《がいこくじん》のおじさんは、とっても仲《なか》よしになっていて、みんなでゲラゲラ笑《わら》っています。

この本《ほん》には、そうやって仲《なか》よくなった世界中《せかいじゅう》の友《とも》だちのおうちがのっています。みんなも、友《とも》だちのおうちに遊《あそ》びにいったつもりになって、楽《たの》しく見《み》て、読《よ》んでくださいね。

人力社《じんりきしゃ》（写真担当《しゃしんたんとう》）　阪口《さかぐち》 克《かつみ》

もくじ

いただきますコラム

モンゴル

見《み》わたすかぎりの大草原《だいそうげん》に、ポツンとゲルがたっている

ベギさん家族《かぞく》と。夏《なつ》には里《さと》がえりで親《しん》せき一同《いちどう》があつまる

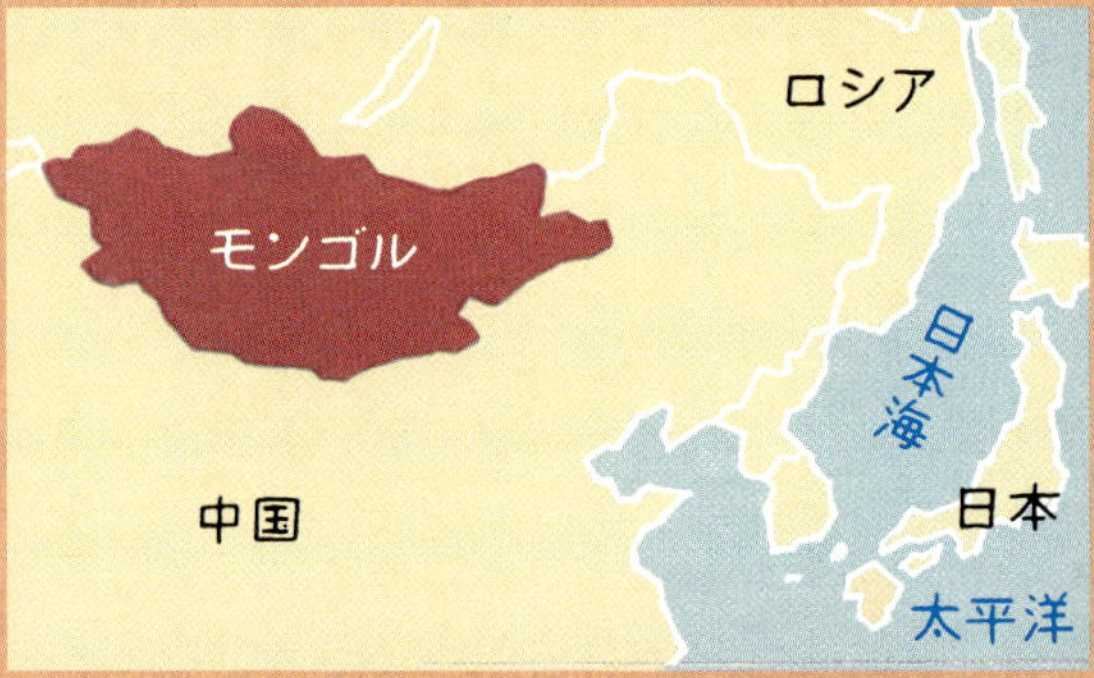

モンゴルについて

正式《せいしき》な名前《なまえ》	モンゴル国《こく》	首都《しゅと》	ウランバートル	人口《じんこう》	約《やく》306万人《まんにん》
面積《めんせき》	156.4万平方《まんへいほう》キロメートル（日本《にほん》の4倍《ばい》くらい）			おもなことば	モンゴル語《ご》、カザフ語《ご》

ユーラシア大陸《たいりく》の中央《ちゅうおう》に位置《いち》する大《おお》きな国《くに》。国土《こくど》の大半《たいはん》は草原《そうげん》。人類史上最大規模《じんるいしじょうさいだいきぼ》の帝国《ていこく》、モンゴル帝国《ていこく》をきずいたチンギス・ハーンの子孫《しそん》の国《くに》でもある。有名《ゆうめい》な「スーホの白《しろ》い馬《うま》」はモンゴルのお話《はなし》。

ベギさん一家《いっか》のゲル

　モンゴルはとても広《ひろ》い国《くに》で、日本《にほん》の約《やく》四倍《ばい》の面積《めんせき》がある。しかし人口《じんこう》は三百六万人《まんにん》ほどしかいない。日本《にほん》の人口《じんこう》は一億《おく》二千万人《まんにん》だから、それとくらべるとずいぶん少《すく》ない。国土《こくど》の大半《たいはん》は草原《そうげん》で、遊牧《ゆうぼく》にむいた土地《とち》だ。

　私《わたし》たちがお世話《せわ》になったのは、ベギ・ドルスチュレンさんのお宅《たく》だった。羊《ひつじ》や山羊《やぎ》、馬《うま》、牛《うし》そしてヤク（標高《ひょうこう》の高《たか》いところでもくらせる牛《うし》のなかま）をたくさん飼《か》っている遊牧民《ゆうぼくみん》で、「千《せん》の家畜《かちく》をもつ男《おとこ》」として政府《せいふ》から表彰《ひょうしょう》されたこともある。「遊牧民《ゆうぼくみん》」は家畜《かちく》の群《む》れとともに、水《みず》や牧草《ぼくそう》をもとめて移動《いどう》しながらくらす人《ひと》たちのこと。広大《こうだい》な草原《そうげん》を移動《いどう》しながら、家畜《かちく》をそだててくらしているのだ。といっても、いつも移動《いどう》しているわけではない。おもに夏《なつ》と冬《ふゆ》に、決《き》まった場所《ばしょ》にひっこしするのだ。夏《なつ》は風通《かぜとお》しがよくて水場《みずば》が近《ちか》い丘《おか》の上《うえ》、冬《ふゆ》は風《かぜ》が弱《よわ》い谷間《たにま》の低地《ていち》にゲルをたてる。春《はる》から夏《なつ》は羊《ひつじ》の毛刈《けが》りや家畜《かちく》たちの出産《しゅっさん》、乳《ちち》しぼり、チーズ作《づく》りなど、大《おお》いそがしの毎日《まいにち》がつづく。秋《あき》には冬《ふゆ》に食《た》べるものを準備《じゅんび》するために、何《なん》頭《とう》かの羊《ひつじ》や山羊《やぎ》を殺《ころ》して干《ほ》し肉作《にくづく》りがおこなわれ、ようやく冬《ふゆ》になって、家族《かぞく》はゆっくりくつろぐことができる。私《わたし》たちが訪問《ほうもん》したのは、八月《がつ》なかばの、いちばんいそがしい季節《きせつ》だった。いったいどんなくらしをしているのか、ドキドキしながらベギさんの「ゲル」をたずねてみた。ゲルは、モンゴルの遊牧民《ゆうぼくみん》が住《す》んでいる、羊毛《ようもう》のフェルトと厚《あつ》い防水《ぼうすい》の布《ぬの》でできたテントで、かんたんな作《つく》りだけれど、とてもじょうぶなものだ。夜《よる》、子《こ》どもたちといっしょに盛大《せいだい》な「川《かわ》」の字《じ》になってねどこにつくと、まるで田舎《いなか》のおばあちゃんの家《いえ》にあつまったときのような安心《あんしん》感《かん》があった。モンゴルの人《ひと》たちはゲルをこよなく愛《あい》している。その理《り》由《ゆう》は、きっとそんなところにあるんじゃないかと思《おも》った。

　それでは、モンゴル遊牧民《ゆうぼくみん》の台《だい》所《どころ》をのぞいてみよう。

近《ちか》くの小川《おがわ》は子《こ》どもたちの遊《あそ》び場《ば》

木《き》がほとんどない草原《そうげん》では、まきは貴重《きちょう》な燃料《ねんりょう》だ

台所《だいどころ》をのぞいてみよう

水道《すいどう》がないので近《ちか》くの小川《おがわ》の水《みず》をくんでくる

ゲルの中央《ちゅうおう》には、ご先祖様《せんぞさま》から代々《だいだい》うけつがれるストーブがデンと置《お》いてある。毎日《まいにち》のごはんの煮炊《にた》きにも使《つか》われ、ここが台所《だいどころ》でもあるのだ。ベギさん一《いっ》家《か》のストーブは、フタがそのまま中華鍋《ちゅうかなべ》になっていて、いためもの、煮《に》もの、揚《あ》げものは、すべてこの中華鍋《ちゅうかなべ》ひとつですませる。しっとりと油《あぶら》がしみこんだ中華鍋《ちゅうかなべ》はずっしりと重《おも》い。

タンク式手洗《しきてあら》い台《だい》。上《うえ》のブリキ缶《かん》に水《みず》を入《い》れて使《つか》う。下《した》にはバケツがある

シンプルな台所《だいどころ》。調味料《ちょうみりょう》はほぼ塩《しお》だけ

穴《あな》をほると天然《てんねん》の冷蔵庫《れいぞうこ》になる

穀物《こくもつ》があまりとれないモンゴルでは米《こめ》は貴重品《きちょうひん》

使《つか》いなれたストーブは、コンロがわりでもある

燃料《ねんりょう》は、おもに乾燥《かんそう》した牛《うし》のふん

台所《だいどころ》でいちばん大事《だいじ》なものはかまど

まきを入《い》れる缶《かん》は、なしくずし的《てき》にゴミばこにもなる

ゲルの屋根《やね》も台所《だいどころ》

ゲルの屋根《やね》で乾燥《かんそう》チーズ「アロール」を天日干《てんぴぼ》し

ボーズを作《つく》る

ボーズ（モンゴル風肉餃子《ふうにくぎょうざ》）を作《つく》る。羊肉《ひつじにく》を細《こま》かくきざんで、小麦粉《こむぎこ》を水《みず》でこねた皮《かわ》でつつむ。かたちを変《か》えたりして、わいわいやるのが楽《たの》しい。鍋《なべ》に入《い》れてむしたら完成《かんせい》

ベギさん一家《いっか》の大切《たいせつ》なもの、それは家畜《かちく》だ！

何百頭《なんびゃくとう》もいる山羊《やぎ》を1頭《とう》ずつつかまえてロープで数珠《じゅず》つなぎにする

好奇心《こうきしん》の強《つよ》い子山羊《こやぎ》はとてもかわいいペットになる

「千《せん》の家畜《かちく》をもつ男《おとこ》」の称号《しょうごう》をあたえられたベギさんだけに、そだてている羊《ひつじ》や山《や》羊《ぎ》は数《かぞ》えきれないほど。夕方《ゆうがた》、息子《むすこ》のチョーチョーにつれられて羊《ひつじ》と山羊《やぎ》の大群《たいぐん》がもどってきた。この何百頭《なんびゃくとう》もいる羊《ひつじ》や山《や》羊《ぎ》を、ベギさんたちはすべて見《み》わけることができる。だれのお母《かあ》さんがだれで、そのお母《かあ》さんがだれで。どの子《こ》が最近元気《さいきんげんき》がないか、どの子《こ》が妊娠《にんしん》しているか、すべて知《し》っているのだ。遊《ゆう》牧民《ぼくみん》は、私《わたし》たちには想像《そうぞう》のつかない能力《のうりょく》をもっている。

数珠《じゅず》つなぎにした山羊《やぎ》からみんなで乳《ちち》をしぼる。朝晩《あさばん》2回《かい》の大《おお》しごと

春《はる》は子《こ》どもがたくさん生《う》まれる季節《きせつ》だ

活用例《かつようれい》① 羊《ひつじ》をさばいて食《た》べる

モンゴルのと畜《ちく》はほかの国《くに》とくらべて独特《どくとく》だ。腹《はら》を 10 センチほど切《き》りさき、手《て》をさしこんで、指先《ゆびさき》で心臓《しんぞう》の近《ちか》くの動脈《どうみゃく》をちぎり、絶命《ぜつめい》させる。動物《どうぶつ》の苦痛《くつう》がすくなく、確実《かくじつ》な方法《ほうほう》だ

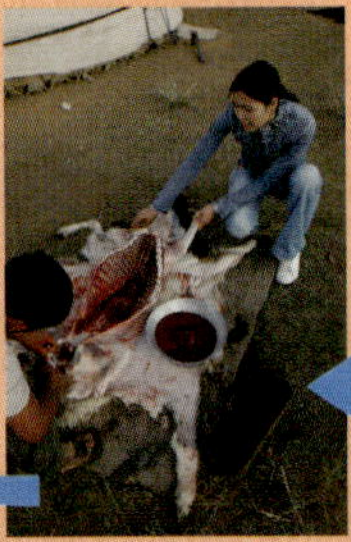

おなかにたまった血《ち》は、とうふのようにかたまる。こまかく切《き》ってゆでて食《た》べる

馬乳酒《ばにゅうしゅ》を作《つく》る

活用例《かつようれい》②

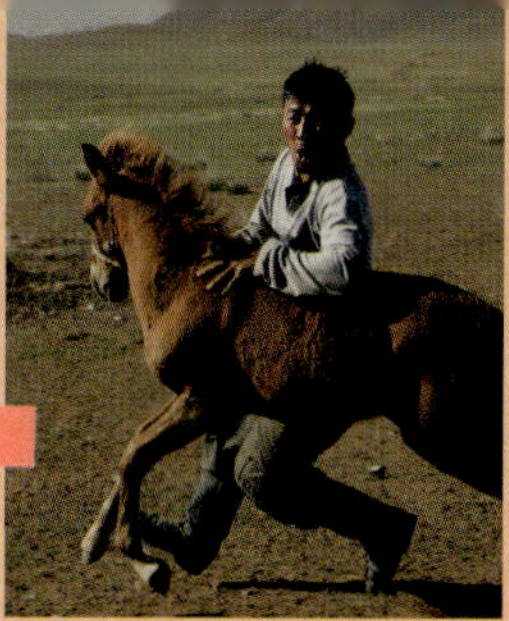

馬《うま》をつかまえるのがまず大変《たいへん》

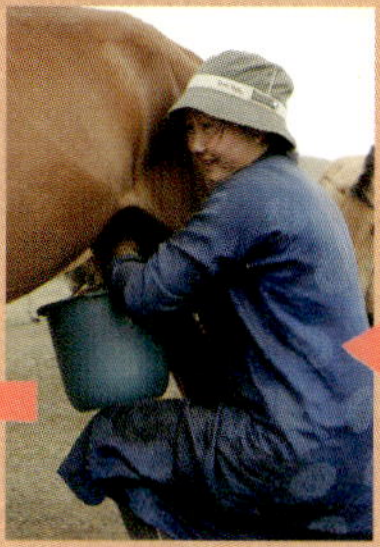

馬乳《ばにゅう》をしぼるのはあぶないので、なれているお母《かあ》さんのしごと

しぼった馬乳《ばにゅう》をあつめる

モンゴルの夏《なつ》といえば「馬乳酒《ばにゅうしゅ》」作《づく》りが有名《ゆうめい》だ。馬乳酒《ばにゅうしゅ》は名《な》前《まえ》の通《とお》り馬《うま》の乳《ちち》から作《つく》るお酒《さけ》で、アルコール分《ぶん》は3％ほどと高《たか》くない。ビタミンなどの栄養分《えいようぶん》がたくさん含《ふく》まれていて、農作物《のうさくぶつ》があまりとれないモンゴルでは、とても大切《たいせつ》な飲《の》みものなのだ。馬乳酒《ばにゅうしゅ》を作《つく》るのは大変《たいへん》だ。母馬《はははうま》をあつめて乳《ちち》をしぼり、樽《たる》に入《い》れてかきまぜる。できあがった馬乳酒《ばにゅうしゅ》は甘《あま》ずっぱくさわやかな味《あじ》わいで、とてもおいしい。お酒《さけ》なのに子《こ》どももよろこんで飲《の》む。モンゴルの初夏《しょか》の貴重《きちょう》な味《あじ》わいだ。

樽《たる》に入《い》れてジャブジャブかきまぜる

子《こ》どももがんばってジャブジャブ。3日《か》ほど発酵《はっこう》させると完成《かんせい》

馬乳酒《ばにゅうしゅ》は白《しろ》くておいしそう

がんばったみんなにごほうび。子《こ》どもも飲《の》む

解体《かいたい》した羊《ひつじ》は皮《かわ》をはいでゲルの壁《かべ》につるして干《ほ》す。必要《ひつよう》なときに必要《ひつよう》なぶんだけ切《き》りとって食《た》べる

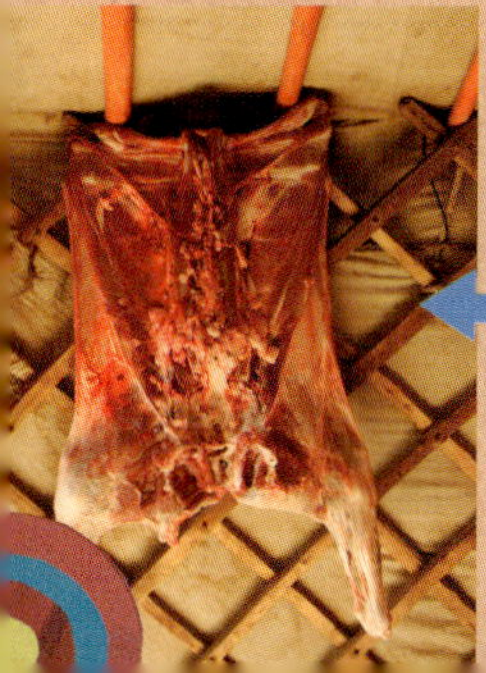

きれいに洗《あら》って、よりわけられた内臓《ないぞう》

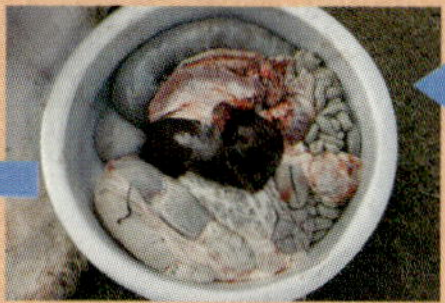

だいじなお客《きゃく》さんがきたときに羊《ひつじ》をさばく

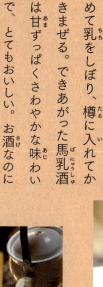

いただきます!!

ボーズは手間《てま》がかかる料理《りょうり》なので、お客《きゃく》さんがきたときに作《つく》るごちそう

手前《てまえ》がアロール。奥《おく》のウルムは牛乳《ぎゅうにゅう》のうわずみの脂分《あぶらぶん》がかたまったもの

スーテー茶《ちゃ》（山羊乳《やぎにゅう》を入《い》れたお茶《ちゃ》）とパンとウルム

農業《のうぎょう》があまりさかんではないモンゴルでは、野菜《やさい》はとても貴重《きちょう》

肉《にく》はごちそうだけど、ちょっと胃《い》がもたれる……

おかゆに牛乳《ぎゅうにゅう》が入《はい》っている。いわば牛乳雑炊《ぎゅうにゅうぞうすい》

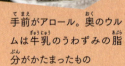

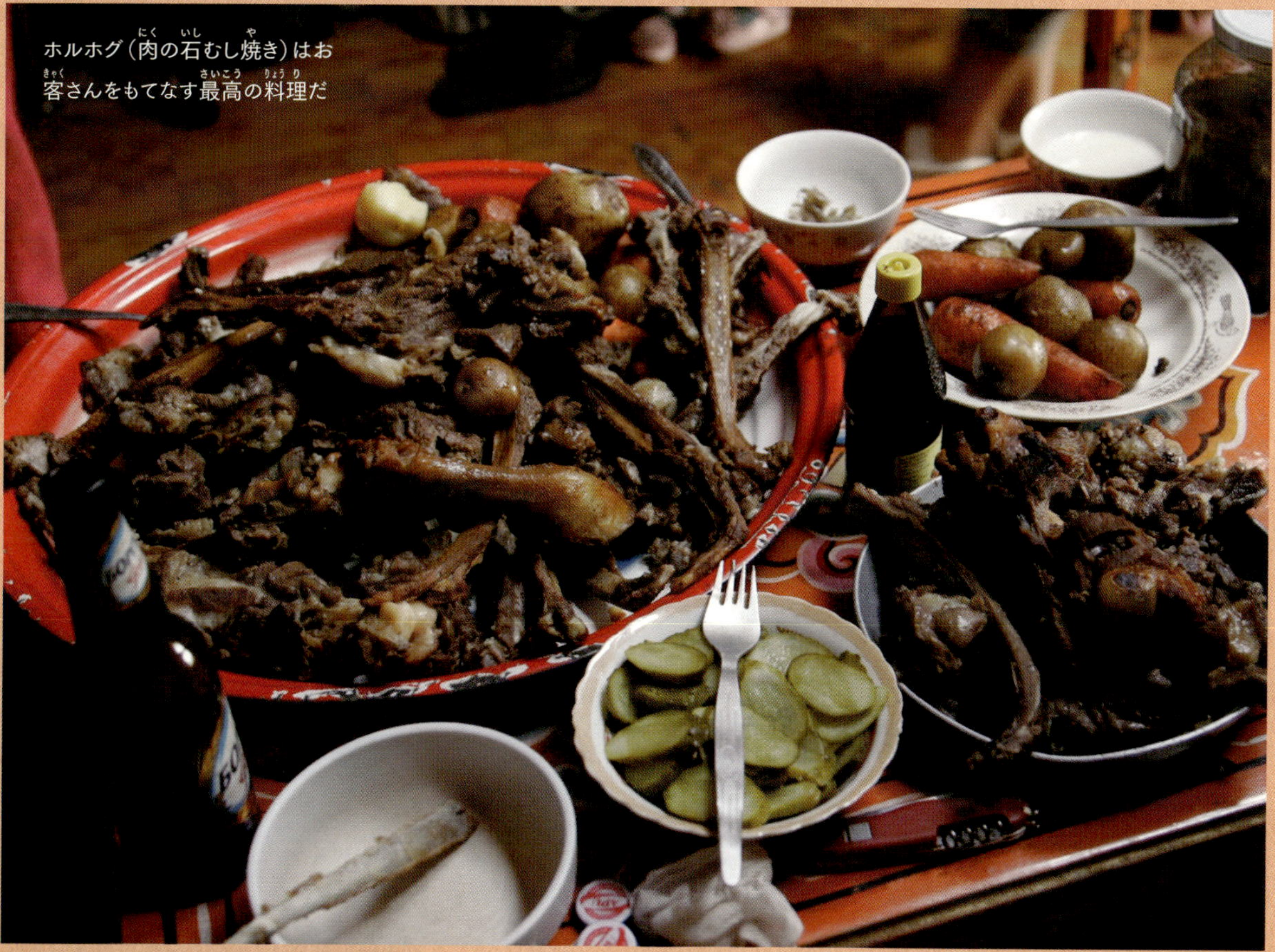

ホルホグ（肉《にく》の石《いし》むし焼《や》き）はお客《きゃく》さんをもてなす最高《さいこう》の料理《りょうり》だ

大人《おとな》も子《こ》どもも、とても器用《きよう》。食《た》べおわった骨《ほね》には肉《にく》が少《すこ》しもついてない！

モンゴル料理《りょうり》は、日本人《にほんじん》にとっては脂《あぶら》がきつくて、なれないうちはつらい。しかしいちばんの問題《もんだい》は「逃《に》げ場《ば》がない」こと。なにを食《た》べても、ほんのりと羊《ひつじ》や山羊《やぎ》のにおいがする。そこで二回目《かいめ》にはコショウをもっていった。ゆでた羊《ひつじ》の内臓《ないぞう》にちょこっとふりかけると、ゲキレツにくさみがとれる。まさに魔法《まほう》の粉末《ふんまつ》だ。とはいってもモンゴル人《じん》にとってはどうでもいいらしい。ベギさんが「オレにもくれ」というので肉《にく》にふりかけてあげた。「……ふうん」それっきり。やっぱりモンゴル人《じん》にはなれないなあ。

カンボジア

水面《すいめん》に点々《てんてん》と家《いえ》がうかぶトンレサップ湖《こ》

お世話《せわ》になったカン・コンさん一家《いっか》は二男三女《じなんさんじょ》

カンボジアについて

正式《せいしき》な名前《なまえ》	カンボジア王国《おうこく》	首都《しゅと》	プノンペン
人口《じんこう》	1470万人《まんにん》	面積《めんせき》	18.1万平方《まんへいほう》キロメートル（日本《にほん》の半分《はんぶん》くらい）
ことば	カンボジア語《ご》。チャム語《ご》など少数民族《しょうすうみんぞく》の言葉《ことば》を話《はな》す人《ひと》もいる		

昔《むかし》は「扶南《ふなん》」（ふなん）、「真臘《しんろう》」（しんろう）とよばれていた。世界遺産《せかいいさん》の「アンコール遺跡《いせき》」が有名《ゆうめい》。

右《みぎ》はしの小屋《こや》がトイレ。左《ひだり》がわが洗《あら》い場《ば》

カンボジアのちょうどまんなかあたりに、トンレサップ湖《こ》という湖《みずうみ》がある。この湖《みずうみ》に「水上集《すいじょうしゅう》落《らく》」を作《つく》ってくらしている人《ひと》びとがいると聞《き》いてたずねてみた。高台《たかだい》からながめると、たしかに広大《こうだい》な湖《みずうみ》の上《うえ》に点々《てんてん》と家《いえ》がたっている。ボートで近《ちか》づく。三角屋根《さんかくやね》の、ごくふつうの家《いえ》だ。ふつうの家《いえ》が水《みず》の上《うえ》に？　いったいどうなっているんだろう？　目《め》をこらしてよく見《み》てみた。どうやら水面《すいめん》に竹《たけ》で筏《いかだ》をくんでいて、その上《うえ》に家《いえ》がたっているようだ。家《いえ》だけでなく、町全体《まちぜんたい》が水《みず》の上《うえ》にある。雑貨屋《ざっかや》さん、学校《がっこう》、教会《きょうかい》、モスク……なんでもみんな水《みず》の上《うえ》だ。

私《わたし》たちのボートのエンジン音《おん》を聞《き》きつけて、漁師《りょうし》のカン・コンさんが顔《かお》を出《だ》した。今《こん》回《かい》お世話《せわ》になるおうちのご主人《しゅじん》だ。水上住《すいじょうじゅう》宅《たく》にボートをつけて、おっかなびっくり上《あ》がらせてもらった。八畳《じょう》ほどの居間《いま》と、四畳《じょう》半《はん》ほどの寝室《しんしつ》がふたつ。そして台所《だいどころ》、トイレ。やっぱりふつうの家《いえ》だ。水《みず》の上《うえ》にうかんでいることをのぞけば。居間《いま》に通《とお》されておどろいた。なんとテレビがある。水《みず》の上《うえ》にうかんでいるんだから、電線《でんせん》は引《ひ》けないはずなのに。それにカラオケ用《よう》の大《おお》きなスピーカーも。カンボジアの人《ひと》たちはカラオケが大好《だいす》きで「一家《いっか》に一台《いちだい》」がふつうなんだそうだ。「オマエもなんか歌《うた》え」とマイクをわたされたが、カンボジア語《ご》の字幕《じまく》がわからない。私《わたし》たちが目《め》を白黒《しろくろ》させていると、家族《かぞく》に大《おお》笑《わら》いされた。水上住宅《すいじょうじゅうたく》では水道《すいどう》も引《ひ》けない。でもトンレサップ湖《こ》の水《みず》があるから大丈夫《だいじょうぶ》。ごはんをたいたり、洗濯《せんたく》したり、食器《しょっき》を洗《あら》ったり、水《みず》あびをしたり、はてはトイレまで、すべてトンレサップ湖《こ》の水《みず》だ。トイレとごはんがおなじ水《みず》って、ちょっと……。でも湖《みずうみ》にはゆるやかな流《なが》れがある。それを考《かんが》えて、トイレの水《みず》は家《いえ》の右《みぎ》がわに流《なが》れていくように、そして、きれいな水《みず》は洗《あら》い場《ば》に流《なが》れてくるように、船《ふね》のむきをちゃんと固定《こてい》しているのだ。カン・コンさんの水上住宅《すいじょうじゅうたく》では、いったいどんなものを食《た》べているだろう？

カン・コンさんの家《いえ》。水中《すいちゅう》にしずんだ木《き》にロープで固定《こてい》している

カンさん一家《いっか》の大切《たいせつ》なものトンレサップ湖《こ》

トンレサップ湖《こ》はとても大《おお》きい。日本《にほん》でいちばん大《おお》きい湖《みずうみ》、琵琶湖《びわこ》の五倍《ばい》ほどもある。トンレサップ湖《こ》には、東南《とうなん》アジアを代表《だいひょう》する大河《たいが》、メコン川《がわ》の雪《ゆき》どけ水《みず》が流《なが》れこむので、雨《あめ》の多《おお》い雨季《うき》には、その面積《めんせき》はさらに三倍《ばい》にもふくれあがり、まわりの広大《こうだい》な土地《とち》が湖《みずうみ》に飲《の》みこまれてしまう。ジャングルは水《みず》びたしになり、コイやナマズが卵《たまご》を産《う》んだり稚魚《ちぎょ》をそだてたりするのに、とてもつごうがいい場《ば》所《しょ》になる。だからトンレサップ湖《こ》では、世界《せかい》でもめずらしいくらい、とてもたくさんの魚《さかな》がとれるのだ。

お父《とう》さんたちが漁《りょう》から帰《かえ》ってくる朝《あさ》は大《おお》いそがしだ。バケツに何杯《なんばい》もの魚《さかな》を、売《う》れる魚《さかな》と売《う》れない雑魚《ざこ》によりわける。まだ暗《くら》いうちから作業《さぎょう》をして、日《ひ》がのぼるのと同時《どうじ》に市場《いちば》へ。やれやれ。ようやくひと段落《だんらく》だ。

水没《すいぼつ》したジャングルにツリーハウスがたっている。ここが漁場《ぎょじょう》だ

エビがたくさんとれた

ボートで魚《さかな》をとりにいく

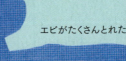

トンレサップ湖《こ》

東南《とうなん》アジアで最大《さいだい》の湖《みずうみ》

早朝《そうちょう》の魚市場《うおいちば》でとれたての魚《さかな》を売《う》る

乾季《かんき》と雨季《うき》で大《おお》きさがだいぶちがう。面積《めんせき》は乾季《かんき》（11月《がつ》～ 4月《がつ》）は約《やく》 27,000平方《へいほう》キロメートル、雨季《うき》（5月《がつ》～ 10月《がつ》）にはおよそ 3倍《ばい》になる。漁業《ぎょぎょう》がさかんで、メコンオオナマズ（重《おも》さが 100 キログラムをこえるものも！）やフグなど、600種類《しゅるい》以上《いじょう》の淡水魚《たんすいぎょ》が生息《せいそく》している。アンコール遺跡《いせき》のある町《まち》シェムリアップから首都《しゅと》のプノンペンまで、トンレサップ湖《こ》を経由《けいゆ》してボートで行《い》くこともできる。

屋台船《やたいぶね》でラーメンを買《か》う

売《う》れる魚《さかな》は市場《いちば》へ。売《う》れない魚《さかな》は家《いえ》で塩《しお》づけにしたりして食《た》べる

近場《ちかば》へ行《い》くには手《て》こぎのボートで十分《じゅうぶん》。自転車《じてんしゃ》がわりだ

水上集落《すいじょうしゅうらく》にはいろんな商売船《しょうばいぶね》がやってくる。手前《てまえ》は八百屋船《やおやぶね》。奥《おく》は雑貨船《ざっかぶね》

陸《りく》に近《ちか》い水《みず》は飲《の》めないので、ボトル入《い》りの飲料水《いんりょうすい》を買《か》ってくる

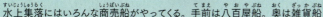

台所《だいどころ》をのぞいてみよう

水《みず》の上《うえ》といっても、たまにゆれるくらいで、あとはふつうのおうちとおなじ。朝《あさ》ごはんがおわると、ひと休《やす》みして昼《ひる》ごはんの準備《じゅんび》。昼《ひる》ごはんのあとは、日《ひ》かげで昼寝《ひるね》。日《ひ》がかたむきはじめると夕食《ゆうしょく》の準備《じゅんび》。そして日《ひ》がくれたころには夕食《ゆうしょく》を食《た》べおえ、あとは夜《よる》八時《じ》くらいに寝《ね》るまでのんびり。トンレサップ湖《こ》の時間《じかん》はとてもゆっくり流《なが》れる。

大切《たいせつ》なものは調味料《ちょうみりょう》

ライムの塩《しお》づけ「ニャムガウ」。苦《にが》ずっぱい、ふしぎな味《あじ》

内臓《ないぞう》をとった魚《さかな》を塩《しお》づけにして発酵《はっこう》させる「プラホック」

甘《あま》ずっぱいタマリンドの汁《しる》。カンボジア料理《りょうり》にかかせない

どんなところも台所《だいどころ》

部屋《へや》のなかの台所以外《だいどころいがい》でも、どこでも料理《りょうり》がはじまる

パチンコでしとめた野鳥《やちょう》をさばく

トイレのとなりが洗《あら》い場《ば》。汚《お》水《すい》は流《なが》れてこないようにくふうされている

野菜《やさい》の下《した》ごしらえをする次女《じじょ》のティアさん

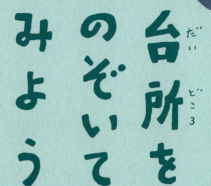

かまどもある。まきをくべて火《ひ》をおこす

㊙水上生活《すいじょうせいかつ》のヒミツ

水上集落《すいじょうしゅうらく》では、電気《でんき》はどうやって引《ひ》いているんだろうか？　じつはトラック用《よう》の大型《おおがた》エンジンを動《うご》かして発電《はつでん》するのだ。でもメチャクチャやかましい。それに燃料代《ねんりょうだい》もかかるので、テレビや、カラオケを楽《たの》しむとき以外《いがい》は動《うご》かさない。夜《よる》、電灯《でんとう》をつけるときには、車用《くるまよう》のバッテリーから電気《でんき》をとる。集落《しゅうらく》には「バッテリー充電屋《じゅうでんや》さん」もあるのだ。

6畳《じょう》ほどの台所《だいどころ》。壁《かべ》に鍋《なべ》がいくつもならんでいる。カセットコンロを使《つか》う

包丁チェック!

ものすごく使《つか》いこまれた包丁《ほうちょう》。かたちは中国《ちゅうごく》の包丁《ほうちょう》ににている。ざんねんながら切《き》れ味《あじ》は悪《わる》い

魚《さかな》をおろすのもこの包丁《ほう ちょう》があればO《オー》K《ケー》!!

基本《きほん》の薬味《やくみ》、アサツキ、にんにく、とうがらしをきざむ

お母《かあ》さんと長女《ちょうじょ》のトォルさんがおもに食事担当《しょくじたんとう》

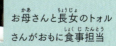

いただきます!!

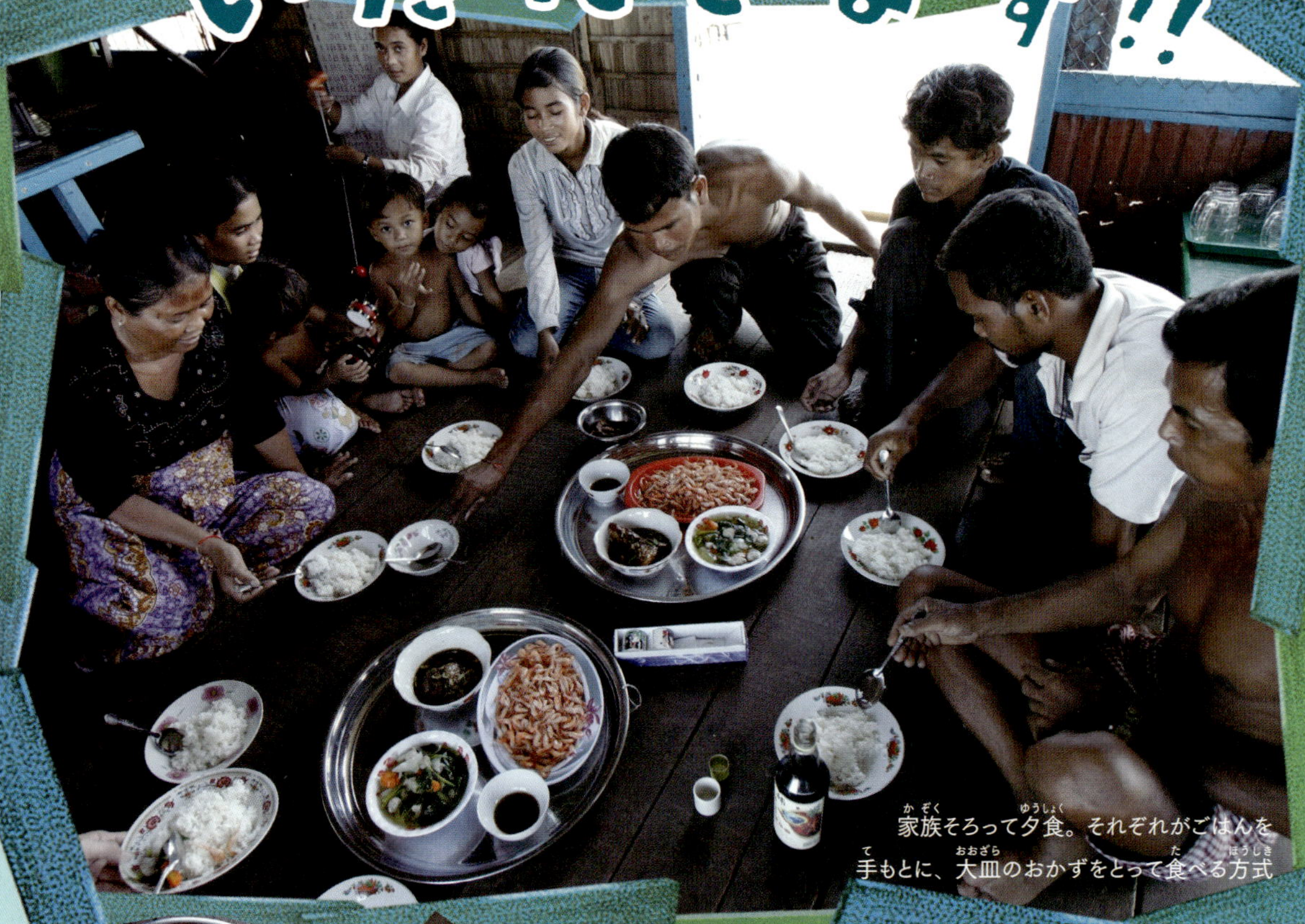

家族《かぞく》そろって夕食《ゆうしょく》。それぞれがごはんを手《て》もとに、大皿《おおざら》のおかずをとって食《た》べる方式《ほうしき》

ゆでた川《かわ》エビはいつも出《で》てくる定番《ていばん》

朝《あさ》ごはんはあっさりと、干《ほ》しエビのおかゆと塩《しお》づけの魚《さかな》

テーブルはなく、床《ゆか》にごはんをならべて食《た》べる

豚肉《ぶたにく》とパイナップルのいためもの

グアバなどのくだものも手《て》に入《はい》る

これがいちおし！

トライ・ギアット

トンレサップ湖特産《ことくさん》の干《ほ》し魚《ざかな》。日本《にほん》でいえば「アジの開《ひら》き」。塩《しお》がきいていて、ごはんのおかずに最高《さいこう》。かるく焼《や》いたり、油《あぶら》で揚《あ》げてもOK《オーケー》。

焼《や》き魚《ざかな》と生野菜《なまやさい》（きゅうり、いんげん豆《まめ》、レタスなど）

かも肉《にく》とレモングラスのいためもの

ポンティアコーン。ふ化《か》する直前《ちょくぜん》のアヒルの卵《たまご》をゆでたもの

魚《さかな》と、とうがんのスープ

ニョアム・ミースオ（春雨《はるさめ》サラダ）

熱帯《ねったい》のくだもの、ランブータン

豚肉《ぶたにく》ときくらげのスープ

むした大《おお》ナマズの頭《あたま》

チャーメン（焼《や》きそば）

魚《さかな》の煮《に》つけ

カンボジア料理《りょうり》は、タイ料理《りょうり》とにているけれど、それほど辛《から》くない。水上集落《すいじょうしゅうらく》では、トンレサップ湖《こ》からあがった魚《さかな》をたくさん食《た》べる。とくによく食《た》べるのが川《かわ》エビ。うまみがギュッとつまって、とてもおいしい。野菜《やさい》やくだものなど、たいていの食《しょく》材《ざい》は八百屋船《やおやぶね》が売《う》りにくる。お母《かあ》さんがキレイな服《ふく》を着《き》て出《で》かけるときは、陸《りく》に買《か》いものにいくときだ。そんなときはふだんは食《た》べない、おいしいものが食《た》べられる（こともある！）。

料理上手《りょうりじょうず》のお母《かあ》さん。料理《りょうり》の種類《しゅるい》もたくさんあって、とてもおいしかった!!

パプアニューギニア

トゥクバ戦闘隊長《せんとうたいちょう》と奥《おく》さんと息子《むすこ》さん

パプアニューギニアについて

正式《せいしき》な名前《なまえ》　パプアニューギニア独立国《どくりつこく》　首都《しゅと》　ポートモレスビー　人口《じんこう》　約《やく》 746 万人《まんにん》

面積《めんせき》　46.2 万平方《まんへいほう》キロメートル（日本《にほん》の 1.25 倍《ばい》くらい）

ことば　英語《えいご》、トクピシン語《ご》（ピジン英語《えいご》）、モツ語《ご》、少数民族《しょうすうみんぞく》のことばなど

1935 年《ねん》にオーストラリアの小型機《こがたき》に発見《はっけん》され、はじめて文明《ぶんめい》と接触《せっしょく》した人《ひと》びとがいまもくらしている。

うす暗《ぐら》い小屋《こや》のなかで人影《ひとかげ》が動《うご》いた。一歩足《いっぽあし》をふみいれると、何日《なんにち》も風呂《ふろ》に入《はい》ってないような強烈《きょうれつ》なニオイがブワッと鼻《はな》をついた。暗《くら》やみに目《め》がなれてくると、囲炉裏《いろり》のむこうにすわっている人物《じんぶつ》のすがたが、ぼんやりとうかびあがる。頭《あたま》をかざりたてる鳥《とり》の羽《はね》。鼻《はな》に通《とお》した茎《くき》。顔《かお》をいろどる隈《くま》どり……。おお。それはまさに私《わたし》たちが思《おも》い描《えが》くジャングルの原始人《げんしじん》そのままではないか！　それが「首狩《くびか》り戦闘隊長《せんとうたいちょう》」こと、トゥクバ・ジャウェニさんとの出会《であ》いだった。

私《わたし》たちがおじゃましたのは、ワリリ村《むら》。男《おとこ》たちの美《うつく》しい民族衣装《みんぞくいしょう》で有名《ゆうめい》な「フリ族《ぞく》」の村《むら》だ。オシャレに着《き》かざった男《おとこ》たちは一日中路上《いちにちじゅうろじょう》にたむろし、雑談《ざつだん》してすごす。一方《いっぽう》の女《おんな》の人《ひと》は毎日《まいにち》、畑《はたけ》しごとにでかけ、豚《ぶた》の世話《せわ》をし、炊事《すいじ》と育児《いくじ》をこなす。みんな地味《じみ》な服装《ふくそう》で、いつも重《おも》そうなズタ袋《ぶくろ》をせおっている。なんだか不公平《ふこうへい》だ。そのことをフリ族《ぞく》の男《おとこ》たちに問《と》いただすと、「極楽鳥《ごくらくちょう》も、オスが美《うつく》しくてメスは地味《じみ》だからな。世《よ》のなかそういうものだ」（つまり男《おとこ》のほうがエライのだといいたいらしい）と、まじめな顔《かお》をして答《こた》えた。ちなみに極楽鳥《ごくらくちょう》はパプアニューギニアの国鳥《こくちょう》である。しかしもっとおどろくことがあった。ある日《ひ》の夕方《ゆうがた》、トゥクバさんの家《いえ》をたずねた。するとなんと、はげ頭《あたま》ではないか！　カラフルな極楽鳥《ごくらくちょう》の羽《はね》でかざりたてた髪《かみ》の毛《け》は、カツラだったのである！　フリ族《ぞく》の男《おとこ》たちは、若《わか》いころに自分《じぶん》の髪《かみ》の毛《け》で作《つく》ったカツラを、一生大切《いっしょうたいせつ》にかぶりつづけるのだ。

ジャングルにかこまれたニューギニア島《とう》の山岳《さんがく》地帯《ちたい》は、一九三五年《ねん》にオーストラリアの小型機《こがたき》によって発見《はっけん》された。それまで、ここに住《す》む人《ひと》びとは、石器時代《せっきじだい》と変《か》わらないくらしを守《まも》りつづけていたのだ（たった八十年《ねん》くらい前《まえ》のこと）。

石器時代《せっきじだい》のくらしをのこしながらも、現代文明《げんだいぶんめい》もとりいれようと努力《どりょく》しているフリ族《ぞく》の人《ひと》たち。いったいどんなものを食《た》べているのだろう？

トゥクバ戦闘隊長《せんとうたいちょう》の家《いえ》

台所《だいどころ》をのぞいてみよう

フリ族《ぞく》のおうちの台所《だいどころ》は囲炉裏《いろり》だ。家《いえ》の中心《ちゅうしん》にあって、体《からだ》をあたためたり煮炊《にた》きしたりするのに使《つか》う。ワリリ村《むら》の標高《ひょうこう》は千五百メートルもあり、朝《あさ》や夜《よる》はけっこう冷《ひ》えるのだ。

タロイモやさつまいもがフリ族《ぞく》の大切《たいせつ》な食材《しょくざい》だ。毎日《まいにち》の食事《しょくじ》では、ほとんどいもしか食《た》べていないといってもいいくらい。フリの人《ひと》たちはとてもガッシリした体《からだ》つきだが、いもだけでこれだけの体《からだ》が保《たも》てることは、栄養学的《えいようがくてき》にはナゾなんだそうだ。

パンを売《う》るおばちゃん

囲炉裏《いろり》にまきをくべるトゥクバさん（カツラなし）

毎朝《まいあさ》ゆでるいもが1日《にち》のごはんになる

「マリタ」の実《み》をゆでたもの。とても油《あぶら》っこい

豚《ぶた》は財産《ざいさん》でもあり大切《たいせつ》なペットでもある

なので写真《しゃしん》をかざったりすることも

㊙フリ族《ぞく》のヒミツ ブタがだいじ！

フリ族《ぞく》の人《ひと》は豚《ぶた》をとても大切《たいせつ》にする。子豚《こぶた》のころからそだてて、母乳《ぼにゅう》をあげる人《ひと》もいるほどだ。大《おお》きくなった豚《ぶた》も飼《か》い主《ぬし》になついてとてもカワイイんだが、同時《どうじ》に大切《たいせつ》な財産《ざいさん》でもあるので、お祭《まつ》りや結婚《けっこん》があると売《う》りに出《だ》されたり、と畜《ちく》されてムームー（次《つぎ》のページ参照《さんしょう》）になったりする。

ワリリ村《むら》の近所《きんじょ》の青空市場《あおぞらいちば》

市場《いちば》へ野菜《やさい》を売《う》りにいく女《おんな》の人《ひと》たち

戦士コレクション

フリ族《ぞく》の長老《ちょうろう》。このド派手《はで》な装飾《そうしょく》を見《み》よ！

お祭《まつ》りのときには子《こ》どもたちも盛装《せいそう》する

戦士《せんし》たちが戦《たたか》いの歌《うた》を歌《うた》い、おどる

「ムームー」は、地面《じめん》に穴《あな》をほり、バナナの葉《は》でつつんだ食材《しょくざい》をまっ赤《か》に焼《や》けた石《いし》といっしょにうめて、むし焼《や》きにする料理《りょうり》のこと。もっとも豪華《ごうか》なのが豚《ぶた》のムームー。一匹丸《ぴきまる》ごとむし焼《や》きにする、とてもダイナミックな料理《りょうり》だ。大切《たいせつ》なのは火《ひ》かげんで、焼《や》けた石《いし》が少《すく》なすぎたり、時間《じかん》がみじかかったりすると生焼《なまや》けになってしまう（みんなおなかがすいているので、このパターンが多《おお》い）。豚《ぶた》の肉《にく》はとてもやわらかくて、香草《こうそう》がきいていてくさみもなく、とてもおいしい。ワリリ村《むら》では、結婚式《けっこんしき》などの大《おお》きなお祝《いわ》いがないと食《た》べられない大《だい》ごちそうだ。

豚《ぶた》を食《た》べられるときは男《おとこ》もはたらく！ まずは豚《ぶた》をなぐり殺《ころ》す

たき火《び》で体毛《たいもう》を焼《や》ききる

腹《はら》をさいて内臓《ないぞう》をとりだす。胃腸《いちょう》を傷《きず》つけないことがコツ

解体《かいたい》した豚《ぶた》をひらく

浅《あさ》く穴《あな》をほって、バナナの葉《は》をしき、豚《ぶた》をならべて香草《こうそう》をちらす

バナナの葉《は》をかぶせて、まっ赤《か》に焼《や》いたこぶしくらいの大《おお》きさの石《いし》をいくつものせる

ブタの丸《まる》焼《や》きムームーを いただきます!!

ムームーのうわさを聞《き》いてワラワラとあつまってきた知《し》らない男《おとこ》たちもいっしょに、いただきます!

上《うえ》から土《つち》をかぶせて、3時間《じかん》ほどソワソワしながらまつ

こんがりむし焼《や》きになった豚肉《ぶたにく》をほりだす

ほりだしたムームー。やわらかく焼《や》きあがって、最高《さいこう》においしい!

半身《はんみ》を見《み》せてくれる。
「熱《あつ》い! 早《はや》く撮《と》ってくれ!」

いただきますコラム01

「チャイ」と「ティー」

お茶《ちゃ》のことを、英語《えいご》では「ティー」というよね。でも中国語《ちゅうごくご》では、日本《にほん》とおなじ「チャ」という。

では、ほかの国《くに》はどうだろう。たとえばインドでは「チャイ」という。この「チャイ」は、とても広《ひろ》い地域《ちいき》で使《つか》われていて、エジプトやモロッコなどの中近東《ちゅうきんとう》やアフリカでも「チャイ」という。お茶《ちゃ》は中国《ちゅうごく》の南《みなみ》の地方《ちほう》で生《う》まれた。中国南《ちゅうごくなん》部《ぶ》の広東地方《かんとんちほう》では、お茶《ちゃ》のことを「チャ」といったそうだ。これが「チャイ」の発音《はつおん》のもとになった。

でも、紅茶《こうちゃ》の本場《ほんば》イギリスでは、なぜ「ティー」というんだろう? 中国南部《ちゅうごくなんぶ》のもうひとつのお茶《ちゃ》の産地《さんち》、福建地方《ふっけんちほう》では、福建語《ふっけんご》でお茶《ちゃ》のことを「テ」というそうだ。

お茶《ちゃ》が広《ひろ》まった大航海時代《だいこうかいじだい》のころ、オランダやイギリスが取《と》り引《ひ》きしたのが福建地方《ふっけんちほう》だったので、そのまま「ティー」という発音《はつおん》が広《ひろ》まったのだ。逆《ぎゃく》にもっと前《まえ》から取《と》り引《ひ》きしていたポルトガルや、シベリア経由《けいゆ》で取《と》り引《ひ》きしたロシアでは、広東語《かんとんご》の「チャ」の発音《はつおん》が、いまでもそのまま使《つか》われている。

「チャ」と「ティー」の発音《はつおん》は、どこでわかれるんだろうか。いろんな人《ひと》の話《はなし》をまとめると、日本からトルコ、ギリシャまでが「チャイ」、その先《さき》がまざった地域《ちいき》で、イタリアに入《はい》ると完全《かんぜん》に「ティー」になるみたいだ。ヨーロッパに行《い》くときはおおむね「ティー」、アジアでは「チャイ」とおぼえておけばいいね。

ミントティー

グルグル茶《ちゃ》はぐるぐるまぜて作《つく》る

インドのチャイ屋《や》さん

お茶《ちゃ》の味《あじ》いろいろ！チャート

タイ・ヤオノイ島《とう》

バン・マーさんの一族《いちぞく》。親《しん》せきは、みんな近《ちか》くにすんでいる

タイについて

正式《せいしき》な名前《なまえ》　タイ王国《おうこく》　首都《しゅと》　バンコク　人口《じんこう》　6593万人《まんにん》

面積《めんせき》　51.4万平方《まんへいほう》キロメートル（日本の1.4倍くらい）　おもなことば　タイ語《ご》

13世紀《せいき》ごろタイ王朝《おうちょう》が成立《せいりつ》。インドシナ半島《はんとう》にある、1年《ねん》を通《とお》してあたたかい国《くに》。「ほほえみの国《くに》」として知《し》られている。王国《おうこく》であり、プミポン国王《こくおう》は国民《こくみん》から絶大《ぜつだい》な人気《にんき》がある。

バイクがいちばんの移動手段《いどうしゅだん》。

日本《にほん》でもすっかりおなじみのタイ料理《りょうり》。ココナツミルクの甘味《あまみ》とライムの酸味《さんみ》、とうがらしの辛味《からみ》が独特《どくとく》の味《あじ》わいを作《つく》りだす。とくに「トムヤムクン」は世界三《せかいさん》大《だい》スープのひとつだ。そのタイ。仏教《ぶっきょう》の国《くに》だが、南《みなみ》の地域《ちいき》には少《しょう》数《すう》だけどイスラム教徒《きょうと》もくらしている。私《わたし》たちがたずねたのは、南部《なんぶ》の中心都《ちゅうしんと》市《し》プーケットの近《ちか》くにうかぶヤオノイ島《とう》。島民《とうみん》のほとんどがイスラム教徒《きょうと》で、島《しま》にあるモスクには、金曜日《きんようび》になると多《おお》くの島民《とうみん》が礼拝《れいはい》にでかける。

この島《しま》にくらす漁師《りょうし》のバン・マーさんは、おもにワタリガニ漁《りょう》で生計《せいけい》をたてている。さっそく漁《りょう》につれていってもらった。エメラルド色《いろ》の海《うみ》を船《ふね》で走《はし》ること十五分《ふん》ほど。網《あみ》を引《ひ》きあげると、まっ青《さお》なワタリガニがつぎつぎにあがってくる。そのハサミのひとつひとつに輪《わ》ゴムをかける。足《あし》で甲羅《こうら》をおさえながら、慎重《しんちょう》に……。こうして水《みず》あげしたワタリガニは高《たか》く売《う》れるそうだ。

とれたカニを、青《あお》パパイヤとあえた「ソムタム・プー」というサラダにしてくれた。新鮮《しんせん》なカニの、とろけるようなむき身《み》とミソがからみあって、コッテリと甘《あま》く、それはもう絶品《ぜっぴん》。いままで食《た》べたタイ料理《りょうり》のなかでいちばんおいしかった。

一方《いっぽう》の奥《おく》さんはゴム園《えん》を経営《けいえい》している。まだうす暗《ぐら》い早朝《そうちょう》にゴム林《りん》にわけいり、専用《せんよう》のナイフで幹《みき》に傷《きず》をつける。するとまっ白《しろ》い樹液《じゅえき》がトロトロとあふれでてくる。これをあつめてかためたものが天然《てんねん》ゴムの原料《げんりょう》になるのだ。バン・マーさんも奥《おく》さんもとても働《はたら》きものだ。だからバン・マーさんのお宅《たく》には冷蔵庫《れいぞうこ》やガスコンロもそろっていて、生活《せいかつ》はとてもゆたか。収入《しゅうにゅう》の多《おお》くは子《こ》どもたちの教育費《きょういくひ》に使《つか》っているという。四人姉弟《にんしてい》のうち、長女《ちょうじょ》と次女《じじょ》は独《どく》立《りつ》していて、いまは三女《じょ》と末《すえ》っ子《こ》の男《おとこ》の子《こ》と四人《にん》ぐらしだ。とれたての魚介類《ぎょかいるい》と、家庭菜園《かていさいえん》の野菜《やさい》で毎《まい》日《にち》の食卓《しょくたく》がにぎわうバン・マーさん一家《いっか》の台所《だいどころ》をのぞいてみよう。

バン・マーさんが自分《じぶん》でたてたという高床式《たかゆかしき》の家《いえ》

台《だい》所《どころ》をのぞいてみよう

バン・マーさんのお宅《たく》の台所《だいどころ》は、とってもうまくできている。床《ゆか》にすきまがあるので、たとえば米《こめ》のとぎ汁《じる》も、ザアーッとあけて、床下《ゆかした》に流《なが》してしまい。立《た》ちしごとができるようにできてはいるけれど、お母《かあ》さんはいつもゆかにすわりこんで料理《りょうり》している。どうもアジアの人《ひと》たちはしゃがむのが好《す》きみたいだ。そういえば日本人《にほんじん》も、しゃがむの好《す》きだよね？

カブトガニをたべる

網《あみ》にはさんで、炭火《すみび》であぶる

カブトガニの卵《たまご》

日本《にほん》では「絶滅危惧種《ぜつめつきぐしゅ》」のカブトガニ。ここでは食《た》べられる

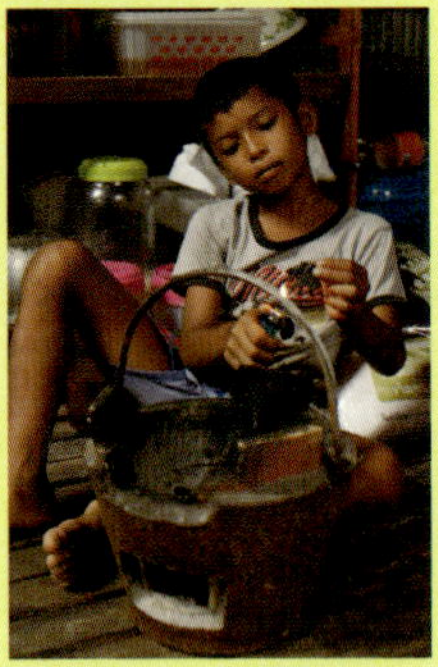

炭火《すみび》をおこす長男《ちょうなん》のタムロンくん（8才《さい》）

冷蔵庫《れいぞうこ》があるのは生活《せいかつ》がゆたかな証拠《しょうこ》。魚《さかな》がつまっていた

包丁チェック!

バン・マーさん一家《いっか》の包《ほう》丁《ちょう》は鉄板《てっぱん》を切《き》りだした「一枚《いちまい》もの」の菜切《なき》り包《ぼう》丁《ちょう》。もうひとつのヘンテコなかたちをしたのは、ゴムの樹液《じゅえき》をとるのに使《つか》う特別《とくべつ》なナイフだ。

やっぱり調味料《ちょうみりょう》はだいじ

タイの調味料《ちょうみりょう》で有名《ゆうめい》なのが「ナムプラー」。「ナム」（水《みず》）と「プラー」（魚《さかな》）で、魚《さかな》の塩《しお》づけから作《つく》ったしょうゆだ。独特《どくとく》のくさみがあって、料理《りょうり》にうまみが出《で》る。にたようなものに「ガピ」（エビの塩《しお》づけペースト）がある。ほかに、にんにくの酢《す》づけやチリソース（甘《あま》ずっぱ辛《から》いタレ）、タオチオ（大豆《だいず》が丸《まる》ごと入《はい》ったみそダレ）などいろんな種類《しゅるい》の調《ちょう》味料《みりょう》を使《つか》う。

にんにくと、とうがらしをすりつぶす三女《じょ》のアイシャさん（13才《さい》）

ナムプラー。しょうゆのように使《つか》う。

メインの台所《だいどころ》。どこの家《いえ》にもネコがいる。イスラム教徒《きょうと》はネコが好《す》き

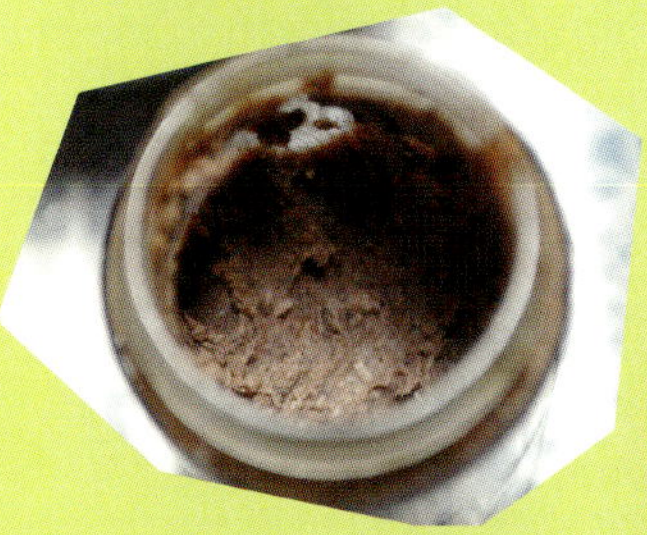

ガピ。エビの塩《しお》づけペースト

とうがらしとにんにくは基本《きほん》

台所《だいどころ》では小《ちい》さないすにしゃがんで料理《りょうり》する

魚《さかな》をとりに海《うみ》へ行《い》く

ボートがひっくりかえりそうなほどの大漁《たいりょう》!

潜水服《せんすいふく》を着《き》て海《うみ》に飛《と》びこむバン・マーさん

「定置網《ていちあみ》をあげるからいっしょに行《い》こう」バン・マーさんにさそわれてボートに乗《の》りこんだ。定《てい》置網《ちあみ》はぜんぶで十五個《こ》。あがった魚《さかな》はみんなで平等《びょうどう》にわけるのがならわしだ。

ひとつ目《め》の漁場《ぎょじょう》についた。バン・マーさんが潜水服《せんすいふく》を身《み》につける。「行《い》ってくるベー!」軽々《かるがる》と海《うみ》に飛《と》びこむ。エメラルドグリーンの水面《すいめん》を通《とお》して、海底《かいてい》でユラユラと人影《ひとかげ》が動《うご》く。三分《ぷん》ほどしてあがってきた。「ダメだな。つぎ、行《い》こう」ふたつ目《め》、三つ目《め》、四つ目《め》の網《あみ》もダメ。五つ目《め》の網《あみ》に移動《いどう》してふたたび飛《と》

タムロンもうまくボートをあやつる

ふつうの網《あみ》でも魚《さかな》をとる

でっかいのがとれたぞ!!

ブダイがとれた。脂《あぶら》がのっていておいしい

とれたてのワタリガニはとてもきれい

びこんだ。しばらくすると、ロープをつたって、バン・マーさんが浮上《ふじょう》してきた。魚《さかな》がかかっているようだ。みんなで力《ちから》をあわせて網《あみ》を引《ひ》きあげる。水面《すいめん》が泡立《あわだ》ち、水《みず》しぶきが飛《と》びちる。すごい数《かず》の魚《さかな》だ！　あまりの重《おも》さにボートがかたむいて転《てん》覆《ぷく》しそうだ。体長《たいちょう》五十センチ近《ちか》い魚《さかな》が百匹《ぴき》ほどもかかっている。

「大漁《たいりょう》だ！」

漁師《りょうし》さんたちに、笑顔《えがお》がこぼれた。

身《み》に切《き》れ目《め》を入《い》れて、油《あぶら》で素《す》揚《あ》げにする

なんども網《あみ》を投《な》げいれる

とれた魚《さかな》はみんなで手《て》わけして塩《しお》づけに

いただきます!!

ワタリガニのソムタム

エビと、とうがんのスープ

輪《わ》切《ぎ》りにした揚《あ》げ魚《ざかな》

魚《さかな》カレーココナツミルク風味《ふうみ》

ココナツミルクで炊《た》いた
餅米《もちごめ》のお菓子《かし》

ある日《ひ》の晩《ばん》ごはん①。ゆでたエビ、揚《あ》げ魚《ざかな》、卵焼《たまごや》き

バジルいため

ゆでたワタリガニ

ある日《ひ》の晩《ばん》ごはん②。ゆでたワタリガニ、揚《あ》げ魚《ざかな》、野菜《やさい》スープ、とうがんスープ、空心菜《くうしんさい》のいためもの

カツオの内臓《ないぞう》入《い》りココナツミルクスープ

熱帯《ねったい》のくだもの、ドリアン（手前《てまえ》）とロンガン

ドリアンごはん

スイカごはん

おいしいタイ料理《りょうり》のなかでひとつだけ食《た》べられなかったのがドリアンごはん。ドリアンは熱《ねっ》帯《たい》のくだもので、とてもおいしいものだけど、ニオイが強烈《きょうれつ》だ。これとココナツミルクをごはんにぶっかけるのだが……うーん。もうひとつおどろいたのは、スイカごはん。なんとタイでは、スイカがごはんのおかずになるのだ。

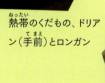

タイ・ラオスの少数民族《しょうすうみんぞく》

モン族《ぞく》の親子《おやこ》

カレン族《ぞく》のご夫婦《ふうふ》。民族衣装《みんぞくいしょう》の色合《いろあ》いが美《うつく》しい

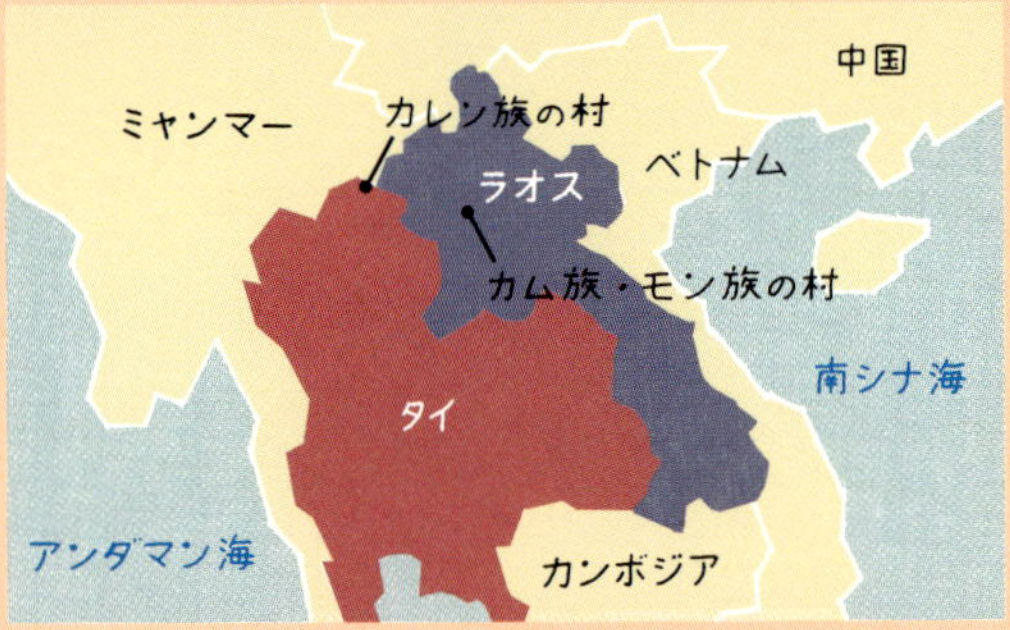

カム族《ぞく》の子《こ》どもたち

「少数民族《しょうすうみんぞく》」というのは、その国《くに》に住《す》む大多数《だいたすう》の人《ひと》たちとはちがう習慣《しゅうかん》や言語《げんご》をもった人《ひと》たちのことで、山岳地域《さんがくちいき》や島《しま》でひっそりくらしていることが多《おお》い。中国雲南省《ちゅうごくうんなんしょう》からインドシナ半島《はんとう》北部《ほくぶ》のラオス、タイ、ミャンマーにかけての山岳地帯《さんがくちたい》にも、多《おお》くの少数民族《しょうすうみんぞく》がくらしている。私《わたし》たちがたずねたのも、そういう少数民族《しょうすうみんぞく》が住《す》む小《ちい》さな村《むら》だった。

カム族《ぞく》は人口《じんこう》およそ五十万人《まんにん》。カンボジアのカン・コンさん（14ページ）に近《ちか》い人《ひと》たちで、古《ふる》くからインドシナ半島《はんとう》に住《す》んでいたといわれる。

モン族《ぞく》は人口《じんこう》十五万五千人《せんにん》。ミャオ族《ぞく》とも呼《よ》ばれ、中国《ちゅうごく》から南下《なんか》してきた。ひと家族平均《かぞくへいきん》八人《にん》という大家族《だいかぞく》で生活《せいかつ》するのが特徴《とくちょう》だ。

カレン族《ぞく》は人口《じんこう》四十四万人《まんにん》。ミャンマーとタイの国境近《こっきょうちか》くに多《おお》く住《す》んでいる。カレンとは「織物《おりもの》をつむぐ人《ひと》」という意味《いみ》で、彼《かれ》らの作《つく》るストライプ模様《もよう》の織物《おりもの》は、タイ全体《ぜんたい》で広《ひろ》く使《つか》われている。

カム族《ぞく》

カム族《ぞく》で有名《ゆうめい》なのが「ラオハイ」というお酒《さけ》だ。ラオス北部《ほくぶ》の中心都市《ちゅうしんとし》ルアンパバンから、山道《やまみち》を歩《ある》いて数時間《すうじかん》、カム族《ぞく》の村《むら》に到着《とうちゃく》した。夕食《ゆうしょく》がおわってひと休《やす》みしていると、大《おお》きな土瓶《どびん》がはこばれてきた。それをとりかこむようにいすがならべられる。土瓶《どびん》の口《くち》があけられた。

なかをのぞきこむと、お米《こめ》がもみのままつまっている。副村長《ふくそんちょう》が、そのもみをひとつまみとりだして、なにかいいながら庭《にわ》にふりまいた。土地《とち》の神様《かみさま》に対《たい》する儀式《ぎしき》らしい。それがおわると、チューブのような長《なが》いストローが何本《なんぼん》もさしこまれ、ドボドボと水《みず》が注《そそ》がれた。「ワック、ウー！」(乾杯《かんぱい》！)副村長《ふくそんちょう》が声《こえ》を発《はっ》して、チューチュー吸《す》いはじめる。「さあさあ、あんたたちも飲《の》みなさい」すすめられるままに、私《わたし》たちもストローをくわえ吸《す》ってみる。かなり吸《す》わないと、お酒《さけ》が近《ちか》づいてこない。がんばって吸《す》いこんで、ようやく口《くち》のなかにラオハイがとどいた。「うっへー、甘《あま》い！」甘酒《あまざけ》よりももっと甘《あま》い、シロップのようなお酒《さけ》だった。

にわとりを飼《か》っている

米《こめ》をザルでふってゴミや石《いし》をとりのぞく

お米《こめ》を発酵《はっこう》させた「ラオハイ」を飲《の》む村人《むらびと》たち

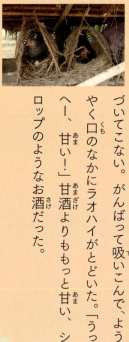

モン族《ぞく》

つぎにおとずれたのはモン族《ぞく》のノンギャサイ村《むら》。カム族《ぞく》の村《むら》から歩《ある》いて二時間《じかん》ほどの山《やま》のなかにある。十二家族《かぞく》しか住《す》んでいなくて、人影《ひとかげ》はまばら。犬《いぬ》と豚《ぶた》がやたらと走《はし》りまわっている。

この村《むら》でおもしろかったのは「トイレ」だ。トイレの場所《ばしょ》を聞《き》くと、「そこらへんでやってきな」と村人《むらびと》がニヤニヤ笑《わら》いながらいった。しかたないので森《もり》のなかにわけいり、パンツをおろしてしゃがみこむ。すると背後《はいご》でなにやら気配《けはい》が。

ふりむくと犬《いぬ》と豚《ぶた》がケンカしているではないか。落《お》ちつかないなあ。早《はや》くすませよう。そう思《おも》っておしりをふいて立《た》ちあがると、まってましたとばかりに犬《いぬ》と豚《ぶた》が飛《と》びついた。そしていま出《で》たばかりのウンコをうばいあって食《た》べはじめたのだ！

「ひえええええ！」

つまりこの村《むら》では犬《いぬ》と豚《ぶた》がトイレのかわりなのだ。人間《にんげん》のウンコには、まだじゅうぶんに栄養《えいよう》がのこっているものらしい。これぞ、究極《きゅうきょく》のエコトイレ!?

モン族《ぞく》の集落《しゅうらく》。茅《かや》ぶきの家《いえ》がポツリポツリ

オタマジャクシは内臓《ないぞう》をとり、油《あぶら》で揚《あ》げる

村《むら》にひとつだけある水道《すいどう》

村《むら》のなかを豚《ぶた》が走《はし》りまわる

パパイヤの実《み》

しかけにかかった小魚《こざかな》

オタマジャクシは、ゼラチンみたいな食感《しょっかん》だった

農作業《のうさぎょう》の帰《かえ》り

いただきます!!

ごはんをたくさん食《た》べる

リスも貴重《きちょう》な食料《しょくりょう》

ゴム式《しき》の水中銃《すいちゅうじゅう》で魚《さかな》をねらう

包丁チェック!

使《つか》いこまれた包丁《ほうちょう》。先《さき》っぽがするどいのは、武器《ぶき》をかねているせいかも?

カレン族《ぞく》

カレン族《ぞく》のバーン・メー・モン村《むら》は、タイ北部《ほくぶ》のジャングルのなかにあった。高床式《たかゆかしき》のかやぶきの家《いえ》がポツリポツリとたっている、のどかな村《むら》だった。家《いえ》の軒下《のきした》には、こしかけるのにいい感《かん》じの板《いた》がわたしてあり、なんとなく村人《むらびと》があつまってきて、茶飲《ちゃの》み話《ばなし》をしては帰《かえ》っていく。ご主《しゅ》人《じん》のカラダさんも、ほぼ一日《にち》そこにすわっていた。

夕食《ゆうしょく》には、おいしいタイカレーをごちそうになった。そのうち村人《むらびと》が入《い》れかわり立《た》ちかわりたずねてきて大宴会《だいえんかい》となる。私《わたし》たちは夜《よる》の九時《じ》には部屋《へや》にひきあげたが、宴会《えんかい》は真夜中《まよなか》までつづいた。ようやく静《しず》かになったと思《おも》ったら、犬《いぬ》がケンカをはじめた。うるさくてしかたがない。それがおさまったら、こんどは一番《いちばん》どりが鳴《な》きはじめた。まだ暗《くら》いのに……ウトウトしているうちに、うっすらと明《あか》るくなり、早起《はやお》きのお母《かあ》さんが豚《ぶた》とにわとりに朝《あさ》ごはんをあげはじめ、これに興奮《こうふん》した動物《どうぶつ》たちがさわぎはじめる……。結《けっ》局《きょく》ほとんど寝《ね》られずにひと晩《ばん》をすごした。田舎《いなか》が静《しず》かなところだと思《おも》ったら大《おお》まちがいだ。

カラダさんの娘《むすめ》さんと奥《おく》さん

魚《さかな》のおなかに香草《こうそう》をつめて焼《や》く

ナイフを使《つか》ってなんでもつくっちゃう

いただきます!!

タイカレー、焼《や》き豚《ぶた》など、いろんな料理《りょうり》が食卓《しょくたく》にならんだ

乾燥《かんそう》したとうもろこしの山《やま》

庭《にわ》でつんできた青菜《あおな》

ガイドのサイモンさんも料理《りょうり》を手伝《てつだ》ってくれた

台所《だいどころ》

台所《だいどころ》は外《そと》にある

かまどに火《ひ》をおこす

壺《つぼ》っぽい鍋《なべ》のかたちがおもしろい

ネパール

ガーレガオン村《むら》の全景《ぜんけい》。ヒマラヤの山々《やまやま》が見《み》える

ガーレガオンの村人《むらびと》たちと

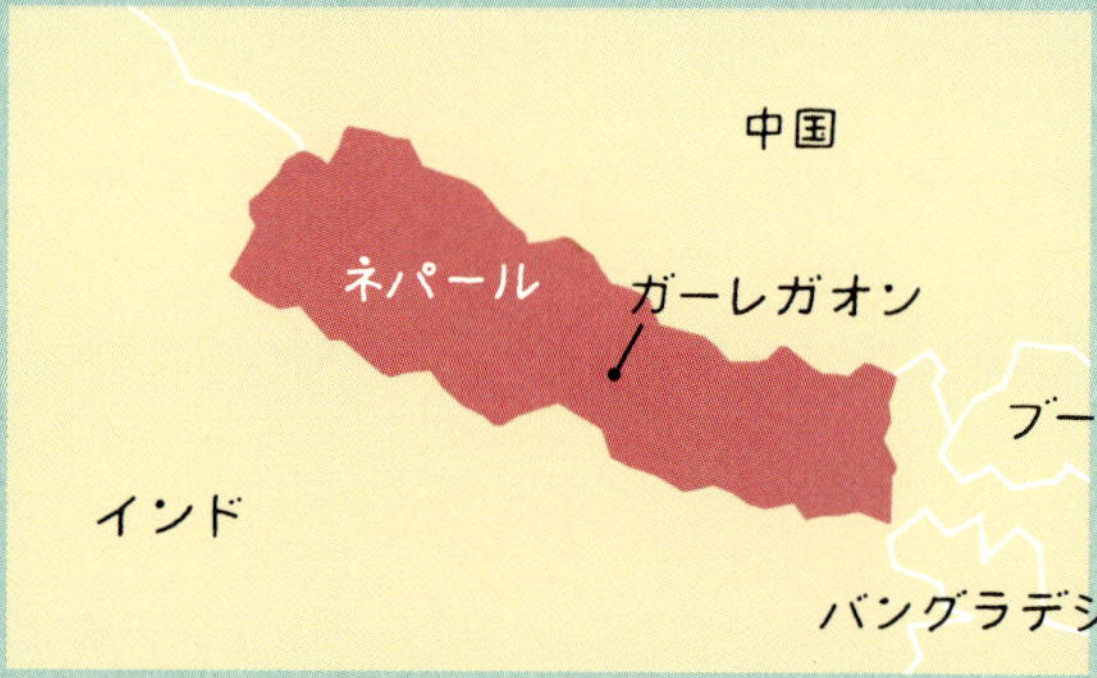

ネパールについて

正式《せいしき》な名前《なまえ》	ネパール連邦民主共和国《れんぽうみんしゅきょうわこく》	首都《しゅと》	カトマンズ
人口《じんこう》	2649万人《まんにん》	面積《めんせき》	約《やく》14万平方《まんへいほう》キロメートル（北海道《ほっかいどう》の約《やく》1.8倍《ばい》）
おもなことば	ネパール語《ご》、少数民族《しょうすうみんぞく》のことば		

エベレストがそびえたつ、ヒマラヤ連峰《れんぽう》のすそのに広《ひろ》がる山岳国家《さんがくこっか》。2008年《ねん》に王制《おうせい》が廃止《はいし》された。

イヌものんびりしている

まるで日本《にほん》の古《ふる》い家《いえ》のような三角屋根《さんかくやね》の家《いえ》に靴《くつ》をぬいで上《あ》がる。床《ゆか》は土《つち》をしめかためた土間《どま》だ。家《いえ》のなかはうす暗《ぐら》くて、目《め》がなれるのに時間《じかん》がかかる。おくに囲炉裏《いろり》があり、ちろちろと炎《ほのお》があがっている。そのわきに陣《じん》どって「ディディ」が料理《りょうり》をしていた。「ディディ」というのは「お姉《ねえ》さん」という意味《いみ》だ。ネパールでは、本名《ほんみょう》ではなくて愛称《あいしょう》でよぶのがふつうだ。お兄《にい》さんは「ダイ」。弟《おとうと》は「バイ」。名前《なまえ》でよびあうことはめったにないので、自分《じぶん》の本名《ほんみょう》を知《し》らない人《ひと》も、けっこういるらしい。

ネパールは北《きた》のチベットと南《みなみ》のインドの文化《ぶんか》がまじりあった地域《ちいき》だ。日本《にほん》とおなじく稲作《いなさく》を中心《ちゅうしん》とした文化《ぶんか》が広《ひろ》がっていて、どことなく日本《にほん》とにている。私《わたし》たちがたずねた中部《ちゅうぶ》のガーレガオン村《むら》は、チベット系《けい》の「グルン族《ぞく》」が住《す》む村《むら》。

グルン族《ぞく》は「グルカ兵《へい》」という勇敢《ゆうかん》な兵士《へいし》をたくさん送《おく》りだす部族《ぶぞく》として知《し》られている。そういう習慣《しゅうかん》のせいか、男《おとこ》たちは外《そと》へ出《で》かせぎにいくことが多《おお》いようで、村《むら》には女性《じょせい》のすがたが目立《めだ》つ。グルン族《ぞく》の顔《かお》つきは、私《わたし》たち日本人《にほんじん》とそっくりだ。そういえば、ディディの顔《かお》も、どこかで見《み》たことがあるような……。

ディディが品《しな》さだめするような顔《かお》で、「シュクティ」（水牛《すいぎゅう》の干肉《ほしにく》）と「ロクシ」を出《だ》してくれた。シュクティはビーフジャーキーみたいな味《あじ》わい。ロクシは日本《にほん》の焼酎《しょうちゅう》とおなじものだ。

その土地《とち》の食《た》べものを、おいしく食《た》べることは、その土地《とち》の人《ひと》にうけいれてもらうための第《だい》一歩《いっぽ》。いちばんてっとり早《ばや》い方法《ほうほう》だ。「なんだ。外国人《がいこくじん》といっても、オレたちとおなじものを食《た》べるんじゃないか」きっと村人《むらびと》は、そんなふうに思《おも》って、安心《あんしん》してくれるにちがいない。

「うん。うまい！」

シュクティとロクシを口《くち》にしてうなずくと、はじめてディディの顔《かお》がほころんだ。

「あら、そお？　じゃあもっと飲《の》んで！」

なみなみとつがれたロクシを前《まえ》に、目《め》を白黒《しろくろ》させる私《わたし》たちであった。

台所《だいどころ》をのぞいてみよう

食器《しょっき》が日光浴中《にっこうよくちゅう》

屋根《やね》の上《うえ》には養蜂箱《ようほうばこ》があり、ミツバチを飼《か》っている。はちみつをとりだす家《や》主《ぬし》のグルンさん

米《こめ》をとぐディディ

ガーレガオン村《むら》には電気《でんき》が通《とお》っていないので、家《いえ》のなかはうす暗《ぐら》い。家《いえ》の中央《ちゅうおう》にある囲炉《いろ》裏《り》が、ほのかに家《いえ》のなかをてらすくらいだ。この囲炉裏《いろり》、暖房《だんぼう》と加熱調理具《かねつちょうりぐ》をかねている。囲《い》炉裏《ろり》の横《よこ》はディディの席《せき》と決《き》まっていて、あらゆるもの、鍋《なべ》や食材《しょくざい》、調味料《ちょうみりょう》など、すべてが手《て》のとどく範囲《はんい》におさまっている。いわば台所《だいどころ》の「中央管制《ちゅうおうかんせい》室《しつ》」という感《かん》じ。囲炉裏《いろり》をはさんだディディの反対《はんたい》がわの席《せき》も特等席《とくとうせき》で、おもにお客《きゃく》さんがすわる。背中《せなか》と左《ひだり》どなりが壁《かべ》。いちばんあたたかいのだ。逆《ぎゃく》に入《い》り口《ぐち》に近《ちか》い席《せき》はすきま風《かぜ》が入《はい》ってきて、背中《せなか》が寒《さむ》い。

囲炉裏《いろり》の火《ひ》をかこんで家族《かぞく》がすわり、いっしょにごはんを食《た》べる。ずっと前《まえ》の日本《にほん》も、こんな感《かん》じだったのかもしれない。

水《みず》はどこからくるの？

水道《すいどう》がないので、水《みず》は村《むら》のあちこちにある共《きょう》同水場《どうみずば》でくんで、ポリバケツにためておく

午後《ごご》のおやつ、油条《ユウティアオ》(ドーナツ)ができた。ほんのり甘《あま》くてこうばしい

どこの家《いえ》でも、にわとりを飼《か》っている

お米《こめ》をふるってゴミをとるのは女性《じょせい》のしごと

外《そと》にもかまどを作《つく》って台所《だいどころ》に。庭《にわ》でつんできた青菜《あおな》をゆでる

囲炉裏《いろり》ばたはお母《かあ》さんの指定席《していせき》だ

包丁チェック!

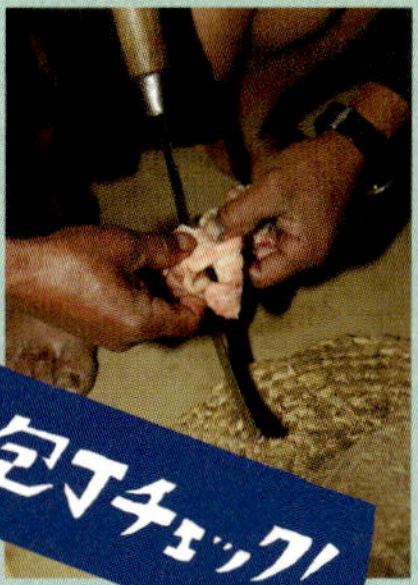

ネパールでは「ククリ」と「シッカル」が使《つか》われる。ククリは内《うち》がわに刃《は》がかたむいた独特《どくとく》のかたちをしているナイフ。シッカルは日《に》本《ほん》の鎌《かま》とおなじ。料理《りょうり》でも使《つか》われる。でも使《つか》いかたは日本《にほん》と逆《ぎゃく》で、シッカルを足《あし》で固定《こてい》して、食《しょく》材《ざい》のほうを動《うご》かして切《き》る。

「シッカル」を腰《こし》にさす

こちらが「ククリ」

ネパールの国民食《こくみんしょく》「ダルバート」

「ダルバート」はネパールの定《てい》食《しょく》のようなもの。「ダル」は豆《まめ》を煮《に》こんだカレー、「バート」は白《はく》米《まい》。これに「タルカリ」という、野菜《やさい》をいためたものがおかずにつく。

豆《まめ》とごはんと野菜《やさい》。このくみあわせ、日本《にほん》の定食《ていしょく》「みそ汁《しる》、ごはん、つけもの」の三点《てん》セットとピッタリおなじだ。つまり豆《まめ》でたんぱく質《しつ》を、米《こめ》で炭水《たんすい》化物《かぶつ》を、つけものでビタミンを、それぞれとるわけだ。食後《しょくご》に甘《あま》いミルクティー「チャイ」を飲《の》めば、カルシウムもとれて完璧《かんぺき》！

このくみあわせを、日本《にほん》の栄《えい》養士《ようし》の先生《せんせい》に見《み》てもらったら、とてもバランスのとれた食事《しょくじ》ということだった。ネパールの山《さん》岳地域《がくちいき》には長生《ながい》きのお年《とし》よりが多《おお》いそうだが、もしかしたらこのダルバートのおかげなのかもしれない。

ダルバート ほぼ実寸大《じっすんだい》

タルカリ

ダル（このダルはお肉《にく》入《い》り）

ごはん。たくさん食《た》べる

いただきます!!

手《て》で食《た》べるので、カレーはアツアツではなく、あたたかいくらいの温度《おんど》にさましてある

ダルバート!

外《そと》でごはんになることも

朝《あさ》ごはんの定番《ていばん》、プーリ（揚《あ》げパン）とタルカリ

お祭《まつ》りでふるまわれた、チャン（どぶろく）とごはん

インドやネパールでは、ごはんを手《て》で食《た》べる。かんたんそうに見《み》えるが、こぼさずきれいに食《た》べるのは、けっこうむずかしいのだ。ダルバートの場合《ばあい》、まず指先《ゆびさき》でカレーとごはんをまぜあわせる。カレーとごはんをからめて、ひと口《くち》ぶんくらいを人《ひと》さし指《ゆび》と中指《なかゆび》、薬指《くすりゆび》の腹《はら》にのせる。口《くち》もとにもっていって、親《おや》指《ゆび》の爪《つめ》ではじくように、すばやく口《くち》におしこむ。

なれてしまうと、スプーンで食《た》べるのが味気《あじけ》なくなるくらいおいしい。指先《ゆびさき》につたわる食《た》べもののあたたかみややわらかさが、食《た》べる前《まえ》においしさを想《そう》像《ぞう》させるのかもしれない。機会《きかい》があったらぜひチャレンジしてみよう。

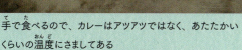

インド・ラダック地方《ちほう》

ラダック地方《ちほう》は標高《ひょうこう》 3500 メートル。乾燥《かんそう》した大地《だいち》が広《ひろ》がる

お世話《せわ》になったワンチュクさんのご家族《かぞく》

インド・ラダック地方《ちほう》について

正式《せいしき》な名前《なまえ》	インド	首都《しゅと》	ニュー・デリー
人口《じんこう》	12 億《おく》 1057 万人《まんにん》	面積《めんせき》	約《やく》 328.7 万平方《まんへいほう》キロメートル（日本《にほん》の 8.7 倍《ばい》くらい）
おもなことば	ヒンディー語《ご》、ベンガル語《ご》、テルグ語《ご》、マラーティ語《ご》、タミル語《ご》、ウルドゥー語《ご》など。 インドでは方言《ほうげん》をふくめると 800 種類以上《しゅるいいじょう》のことばが話《はな》されている。英語《えいご》を話《はな》す人《ひと》も多《おお》い。		

ワンチュクさんちの子《こ》どもたち

三月《がつ》のラダックは寒《さむ》かった。すっかり葉《は》をおとしたポプラが風《かぜ》にゆれている。インド北部《ほくぶ》のラダック地方《ちほう》は標高《ひょうこう》三千五百メートル。中国《ちゅうごく》、パキスタンとの国境《こっきょう》に近《ちか》く、八千メートル級《きゅう》のカラコルム山脈《さんみゃく》にかこまれた高地《こうち》にある。住《す》んでいるのはチベット人《じん》。ネパールのグルンさんとおなじく、私《わたし》たちと顔《かお》つきがよくにた人《ひと》たちだ。

私《わたし》たちがおじゃましたのは、ザンスカール地方《ちほう》の王族《おうぞく》の子孫《しそん》、ワンチュクさんのおうちだった。部屋《へや》の数《かず》は二十二、トイレが九つもある、ものすごく大《おお》きな家《いえ》だ。一階《かい》は物置《ものおき》と肥《こえ》だめ。二階《かい》には家族《かぞく》が住《す》む部屋《へや》と台所《だいどころ》があり、三階《かい》には食料庫《しょくりょうこ》と、ものすごくりっぱな仏間《ぶつま》がふたつ。まるで迷路《めいろ》のようにいりくんだ家《いえ》だ。チベット人《じん》の多《おお》くは「チベット仏《ぶっ》教《きょう》」（ラマ教《きょう》）を信仰《しんこう》している。どこの家《いえ》でも、いちばんりっぱな部屋《へや》は仏間《ぶつま》。ダライ・ラマ十四世《せい》※など高僧《こうそう》の写真《しゃしん》がかざってあり、家族《かぞく》は朝《あさ》と晩《ばん》に、かならずろうそくに火《ひ》をともしてお祈《いの》りをする。そんな熱心《ねっしん》な仏教徒《ぶっきょうと》であるチベットの人《ひと》たち。生《い》きものを殺《ころ》す「殺生《せっしょう》」をなるべくさけるために、肉《にく》や魚《さかな》はいっさい食《た》べない、とても質素《しっそ》なくらしをしていた。電《でん》気《き》は通《とお》っているけれど、ふだんは停電《ていでん》していて、夕方《ゆうがた》から夜《よる》にかけて二時間《じかん》くらい裸電球《はだかでんきゅう》がひとつつくだけ。水道《すいどう》もないので、敷地《しきち》に水路《すいろ》を作《つく》って、バケツでくみあげる。不便《ふべん》だけれど、それでもラダック以外《いがい》には住《す》みたくないとお母《かあ》さんはいう。

「急激《きゅうげき》な発展《はってん》で村《むら》の伝統《でんとう》がこわれてほしくないのです。いまのままでじゅうぶん幸《しあわ》せなんです」

日本《にほん》とくらべるとまずしくて不便《ふべん》に思《おも》えても、そこに住《す》む人《ひと》にとっては、かけがえのない故郷《こきょう》なのだ。信仰《しんこう》の厚《あつ》いチベット人《じん》の食卓《しょくたく》は、どんなものだろう。

※ダライ・ラマ十四世《せい》……チベット仏教《ぶっきょう》の法王《ほうおう》。観音菩薩《かんのんぼさつ》の化身《けしん》とされる。一九五九年以降《ねんいこう》、インドに亡命《ぼうめい》、インド北部《ほくぶ》のダラムシャーラーにチベット亡命政府《ぼうめいせいふ》を樹立《じゅりつ》した。

ワンチュクさんのおうち

台所《だいどころ》をのぞいてみよう

台所《だいどころ》は6畳《じょう》ほど。しゃがんで野菜《やさい》を切《き》りわける

ラダック地方《ちほう》でよく見《み》かけるポプラの木《き》。成《せい》長《ちょう》が早《はや》くて、防風林《ぼうふうりん》にもなるし、材木《ざいもく》や燃料《ねんりょう》にもなる、とても便利《べんり》な木《き》だ。ワンチュクさんの家《いえ》でもポプラの枝《えだ》を切《き》って燃料《ねんりょう》にしていた。

乾燥《かんそう》したヤク（牛《うし》のなかま）のふんも貴重《きちょう》な燃料《ねんりょう》になる。最近《さいきん》はガスコンロを使《つか》うことも多《おお》いが、暖房《だんぼう》もかねたまきストーブは、いまでも大切《たいせつ》に使《つか》われている。

粉《こな》もの天国《てんごく》

麦《むぎ》の粉《こな》からいろいろ作《つく》る

ロウソクの火《ひ》で明《あ》かりをとりながら、モモ（チベット風《ふう》のぎょうざ）を作《つく》る

マントウ（むしパン）作《づく》り

小麦粉《こむぎこ》を水《みず》でねって、スープの具《ぐ》に

チベットのお茶《ちゃ》 グルグル茶《ちゃ》

お茶《ちゃ》にバターと塩《しお》を入《い》れて「ドンモ」という道具《どうぐ》でジャバジャバかきまぜる。ラダック地方《ちほう》ではこのグルグル茶《ちゃ》をたくさん飲《の》む。

大《おお》きな石《いし》を切《き》り出《だ》して作《つく》った年代《ねんだい》もののかまど。いまはほとんど使《つか》っていない

庭《にわ》の水路《すいろ》に水《みず》が流《なが》れてくるときは、すかさず洗濯《せんたく》タイム

燃料《ねんりょう》いろいろ

ポプラの木《き》は、①風《かぜ》をふせぐ②材木《ざいもく》になる③まきになる、の一石三鳥《いっせきさんちょう》だ

家畜《かちく》のふんを燃料《ねんりょう》にする

水《みず》は川《かわ》からくんでくるので、洗《あら》いものは外《そと》でしたほうが楽《らく》

子《こ》ヤギにミルクをやる

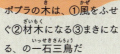

いただきます!!

モモはごちそうだ

インドのダルバート。おかずが2品《しな》ついている

レンゲを使《つか》っているあたりに中国《ちゅうごく》の文化《ぶんか》を感《かん》じる

ラグメン（チベット風《ふう》焼《や》きそば）。野菜《やさい》たっぷり

マントウ（むしパン）。ほんのりと甘《あま》みがあって、とてもおいしい

家族《かぞく》そろって昼《ひる》ごはん

ギーのヒミツ ㊙

「ギー」は水牛《すいぎゅう》の乳《ちち》から作《つく》ったバターのこと。たくさんの乳《ちち》から、ほんの少《すこ》ししかとれない貴重品《きちょうひん》だ。このギーは、いろんなところで見《み》かける。たとえば、ラダックのどぶろく「チャン」のうつわのふちに、ちょこんとのっけてある。朝《あさ》ごはんのパンの上《うえ》にもちょこん。ほんの少《すこ》しギーをのせることで、おもてなしの気《き》もちをあらわしているのだ。むかしは仏壇《ぶつだん》の明《あ》かりも、ギーを燃《も》やしていたそうだ。仏様《ほとけさま》に対《たい》する感謝《かんしゃ》の気《き》もちをギーであらわしていたわけだ。ラダックの人《ひと》たちは本当《ほんとう》に信心《しんじん》ぶかい。

パンの上《うえ》にちょこっとギーがのっている

寒《さむ》い日《ひ》に外《そと》で飲《の》むアツアツのチャイは、とてもおいしい

ワンチュクさんの家族《かぞく》は、肉《にく》や魚《さかな》は食《た》べない。毎日《まいにち》の食事《しょくじ》は野菜《やさい》が中心《ちゅうしん》。チベット風《ふう》のぎょうざ「モモ」にも、ひき肉《にく》は入《はい》っていない。私《わたし》たちにとっては、ちょっと味気《あじけ》ない食事《しょくじ》だ。

でも、香辛料《こうしんりょう》を調合《ちょうごう》した「ガラムマサラ」で味《あじ》つけをすると、ふしぎなことに味《あじ》がピリッと引《ひ》きたって、肉《にく》がなくても平気《へいき》になるのだ。ガラムマサラは、魔《ま》法《ほう》の調味料《ちょうみりょう》なのだ。

ラダックのどぶろく「チャン」。こちらもちょこっとギーをつけるのがおもてなし

全粒粉《ぜんりゅうふん》のパン、チャパティと目玉焼《めだまや》き

インド風《ふう》のチャイ。甘《あま》いミルクティー

大麦《おおむぎ》を粉《こな》にしたツァンパ。チベット人《じん》の主食《しゅしょく》

世界《せかい》の屋台《やたい》でいただきます!!

お祭《まつ》りで屋台《やたい》がたくさんならんでるとウキウキするよね？外国《がいこく》にも屋台《やたい》はたくさんある。しかも日本《にほん》では見《み》かけない、おいしい食《た》べものがいっぱいだ。世界《せかい》の屋《や》台《たい》をのぞいてみよう。

イスタンブールのドネル・ケバブ屋台《やたい》（トルコ）

イスタンブールのサバサンド屋台《やたい》（トルコ）

タジン料理《りょうり》屋台《やたい》（モロッコ）

サイクロク（タイ風《ふう》ソーセージ）屋台《やたい》（タイ）

昆虫《こんちゅう》の揚《あ》げもの屋台《やたい》（タイ）

揚《あ》げパン屋台《やたい》（パキスタン）

アンデスの山村《さんそん》のジュース屋台《やたい》（ペルー）

オレンジジュース屋台《やたい》（モロッコ）

シシケバブ屋台《やたい》（パキスタン）

ソムタム（青《あお》いパパイヤのサラダ）屋台《やたい》（タイ）

揚《あ》げパンとサモサ（揚《あ》げぎょうざ風《ふう》の料理《りょうり》）屋台《やたい》（インド）

スイーツ屋台《やたい》（シリア）

イスタンブールのキュウリ屋台《やたい》（トルコ）

ハンガリー・トカイ地《ち》方《ほう》

まるで中世《ちゅうせい》のようなトカイの町《まち》なみ。

ワイナリーをいとなむ、ヤノシュさん一家《いっか》

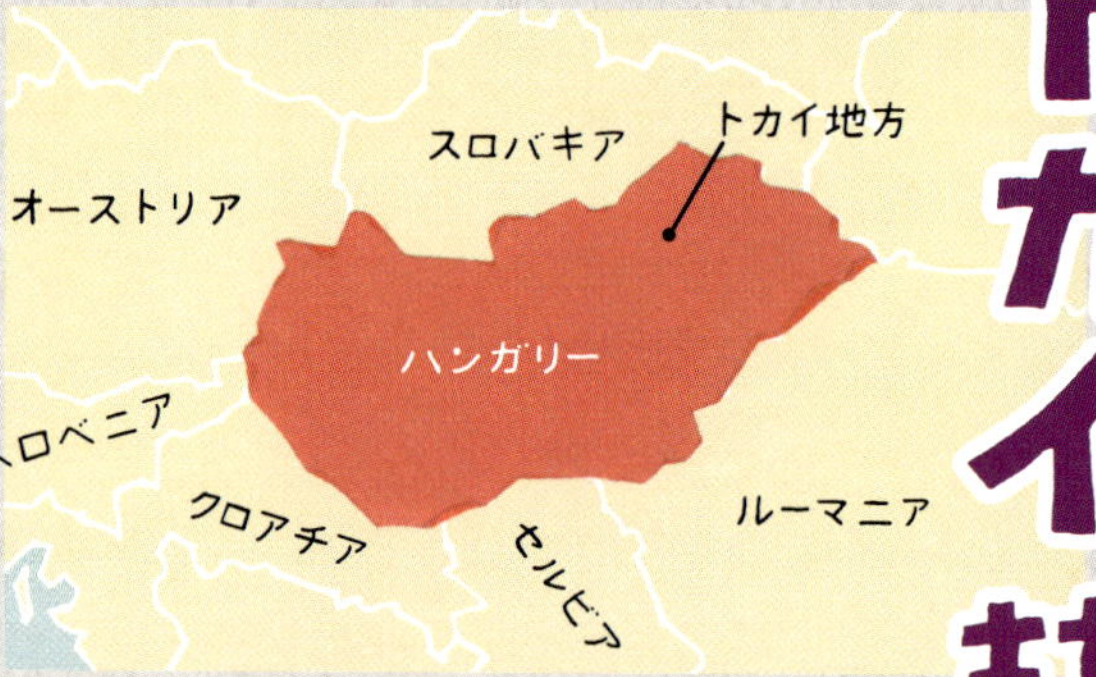

ハンガリーについて

正式《せいしき》な名前《なまえ》	ハンガリー共和国《きょうわこく》	首都《しゅと》	ブダペスト
人口《じんこう》	約《やく》 990 万人《まんにん》	面積《めんせき》	約《やく》 9.3 万平方《まんへいほう》キロメートル（日本《にほん》の 4 分《ぶん》の 1 くらい）
おもなことば	ハンガリー語《ご》（マジャール語《ご》）、ほかにロマニ語《ご》など		
中部《ちゅうぶ》ヨーロッパのドナウ川流域《がわりゅういき》にある国《くに》。ワインとパプリカが名産品《めいさんひん》。水球《すいきゅう》が強《つよ》い。			

大好《だいす》きなパーリンカを飲《の》むヤノシュさん

まるで映画《えいが》に出《で》てくるような洞窟《どうくつ》だ。壁《かべ》から天井《てんじょう》にかけて、黒《くろ》くてねばっこいカビがビッシリとはえている。気温《きおん》は十五度《ど》くらい。しめっぽい空気《くうき》が鼻《はな》をつく。どこまでつづくかわからない長《なが》い洞窟《どうくつ》には、人《ひと》が三人《にん》くらいは楽《らく》に入《はい》れるほどの大《おお》きなワイン樽《だる》がズラ――ッとならんでいる。

ここはハンガリーのトカイ地方《ちほう》で何代《なんだい》もつづくワイン農家《のうか》、タカシュ・ヤノシュさんのワイン蔵《ぐら》だ。でっぷりとふとったヤノシュさんは、いつもにこやかで、なんとなくぬいぐるみのテディ・ベアを思《おも》いだす。ヤノシュさんが、「ロポ」という、ガラスの長《なが》い筒《つつ》をとりだした。樽《たる》の穴《あな》にさしこみ、反対《はんたい》がわに口《くち》をあてて息《いき》を吸《す》いこむ。するとワインがツツーッとあがってくる。すばやく口《くち》をはなしてロポの先《さき》を親指《おやゆび》の腹《はら》で止《と》めた。これでワインはこぼれない。それぞれのワイングラスにちょっとずつそそいで、

「エゲーッシェーゲルー！」(乾《かん》杯《ぱい》！)白《しろ》ワインのさわやかな風《ふう》味《み》が、とてもおいしかった。

ところで私《わたし》たちが名《な》づけた「ハンガリーの3P《ピー》」というのがある。「パプリカ、パラチンタ、パーリンカ」の三つだ。

「パプリカ」はとうがらしとピーマンの中間《ちゅうかん》の野《や》菜《さい》で、ハンガリーで品種改良《ひんしゅかいりょう》されたそうだ。甘《あま》辛《から》くてまっ赤《か》なパプリカはハンガリーのいろんな料理《りょうり》に使《つか》われていて、なくてはならない食材《しょくざい》だ。

つぎの「パラチンタ」。ようするにクレープのことで、ハンガリー人《じん》の大好物《だいこうぶつ》だ。ジャムをたっぷりのせてクルクルとまいて口《くち》にほうりこむと、それだけで幸《しあわ》せな気《き》もちになる。

最後《さいご》の「パーリンカ」はハンガリー産《さん》のウオッカのこと。寒《さむ》いハンガリーでは、朝《あさ》から、おちょこに一杯《ぱい》ほどをクイッとひっかけて、体《からだ》をあたためてからしごとにでかける(もちろん車《くるま》は運転《うんてん》しません！)。食事前《しょくじまえ》にもクイッ。ハンガリーの人《ひと》たちはワインとおなじくらいパーリンカが好《す》きだ。

さて、お酒《さけ》が大好《だいす》きなヤノシュさんの案内《あんない》で、ごじまんのワイン蔵《ぐら》と食卓《しょくたく》をのぞいてみよう。

トカイワインのひみつ

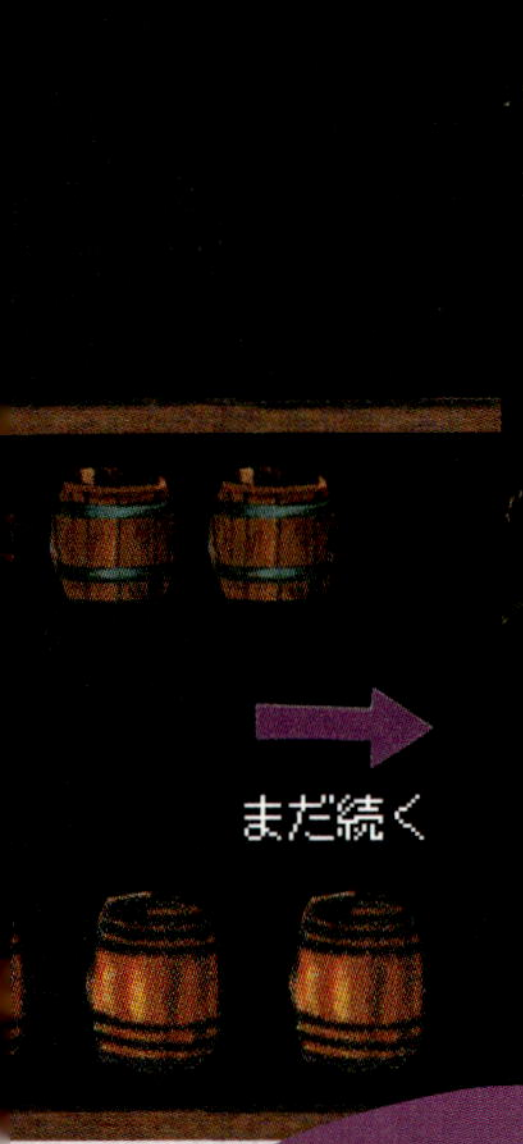

何百年《なんびゃくねん》の歴史《れきし》があるワインセラーは地下《ちか》につづく洞窟《どうくつ》で、気温《きおん》と湿度《しつど》が一定《いってい》に保《たも》たれているそうだ。壁《かべ》にはカビがビッシリはえている

ワイン蔵ダンジョン

ハンガリー東部《とうぶ》にあるトカイ地方《ちほう》は、世界的《せかいてき》に知《し》られるワインの産地《さんち》だ。二〇〇二年《ねん》には世《せ》界文化遺産《かいぶんかいさん》に登録《とうろく》された。ゆるやかな丘《おか》に広《ひろ》がるぶどう畑《ばたけ》と、石畳《いしだたみ》が美《うつく》しい町《まち》なみ、そして数百年《すうひゃくねん》の歴史《れきし》をもつワインの蔵《くら》。まさにワインのためにある町《まち》という雰囲気《ふんいき》だ。トカイ地《ち》方《ほう》で作《つく》られる「トカイワイン」は、世界《せかい》でもめずらしい「貴腐《きふ》ワイン」。最高級《さいこうきゅう》のトカイワインは、まるでハチミツのように甘《あま》い。その昔《むかし》、ハンガリーにオスマントルコ帝国《ていこく》が攻《せ》めてきた。住《じゅう》民《みん》たちは、その年《とし》のぶどうの収《しゅう》穫《かく》をあきらめて避難《ひなん》した。しばらくしてから村《むら》にもどってみると、ぶどうはすでにくさりかけていた。住民《じゅうみん》はがっかりしたが、ためしにそのぶどうでワインを作《つく》ってみた。すると、とても甘《あま》くておいしいワインができあがった。トカイ地方《ちほう》には、「貴《き》腐菌《ふきん》」というめずらしいカビがぐうぜん存在《そんざい》して、このカビがぶどうにくっつくことで、ぶどうの水分《すいぶん》がうばわれ、甘《あま》さがましたのだ。戦争《せんそう》と、トカイ地方《ちほう》の特別《とくべつ》な風土《ふうど》がもたらしたぐうぜんの産物《さんぶつ》。それが世界的《せかいてき》に知《し》られる「トカイワイン」の秘《ひ》密《みつ》なのだ。

ワインづくり

ワインはぶどうをしぼった果汁《かじゅう》が「発酵《はっこう》する」ことでできる。「発酵《はっこう》」というのは、微生《びせい》物《ぶつ》が糖分《とうぶん》などを分解《ぶんかい》してアルコールや二《に》酸化炭素《さんかたんそ》を発生《はっせい》させること。ぶどうにふくまれる糖分《とうぶん》が、微生物《びせいぶつ》のはたらきで分解《ぶんかい》されて、アルコールをふくんだ状態《じょうたい》がワインだ。赤《あか》ワインは黒《くろ》ぶどうから、白《しろ》ワインは白《しろ》ぶどうから作《つく》られる。白《しろ》ワインはぶどうをしぼった果汁《かじゅう》だけを使《つか》うが、赤《あか》ワインは皮《かわ》や種《たね》もいっしょにしぼるので、ぶどうのさまざまなエキスが多《おお》くふくまれ、複雑《ふくざつ》な味《あじ》わいになる。

台所《だいどころ》をのぞいてみよう

オーブンを使《つか》った料理《りょうり》の準備中《じゅんびちゅう》

台所《だいどころ》

ヤノシュ家《け》の食堂《しょくどう》は、ワイン蔵《ぐら》をたずねてきたお客《きゃく》さんが食事《しょくじ》できるように、広《ひろ》めに作《つく》ってある。カウンターの奥《おく》が台所《だいどころ》。その右手《みぎて》に食料貯蔵庫《しょくりょうちょぞうこ》がある。

ハンガリーの家《いえ》には食料貯蔵庫《しょくりょうちょぞうこ》がある家《いえ》が多《おお》い。台所《だいどころ》のすみっこに、三畳《さんじょう》ほどの小《ちい》さな部屋《へや》が作《つく》ってあるのだ。棚《たな》には缶《かん》づめやびんづめ、ワインがずらりとならび、ハムやチーズ、ソーセージなどがつるしてある。食料貯蔵庫《しょくりょうちょぞうこ》のなかはひんやりすずしい。戦争《せんそう》や飢饉《ききん》にそなえた、ハンガリーの人《ひと》たちの知恵《ちえ》なのだろう。

外《そと》でも料理《りょうり》します

友《とも》だちのコーニャさんがハラースレー（川魚《かわざかな》のスープ）を作《つく》ってくれた

もくもくとタマネギをむくヤノシュさん

近《ちか》くの川《かわ》でとれた魚《さかな》

野菜《やさい》の下《した》ごしらえをするお母《かあ》さん

ハンガリーの3P

パーリンカ

ハンガリーのウォッカ。自家製《じかせい》

パプリカ

ハンガリー料理《りょうり》にはかかせないもの

パラチンタ

ハンガリーのクレープ。ハンガリー人《じん》はみんな大好《だいす》き

家《いえ》の中《なか》の

台所《だいどころ》にもワイングラスがずらり

ヤノシュ家《け》の食糧貯蔵庫《しょくりょうちょぞうこ》。食材《しょくざい》がたっぷり保管《ほかん》されている

「うまいなあ……ワインが飲《の》みたくなってきたぜ」といっていた

外《そと》にある炉《ろ》で煮込《にこ》む。魚《さかな》は骨《ほね》ごと裏《うら》ごしし、スープに入《い》れる

サクランボの冷《つめ》たいスープ

川魚《かわざかな》を焼《や》いたものに
ハラースレーをかける

グヤーシュスープ

ポテトサラダ

いただきます!!

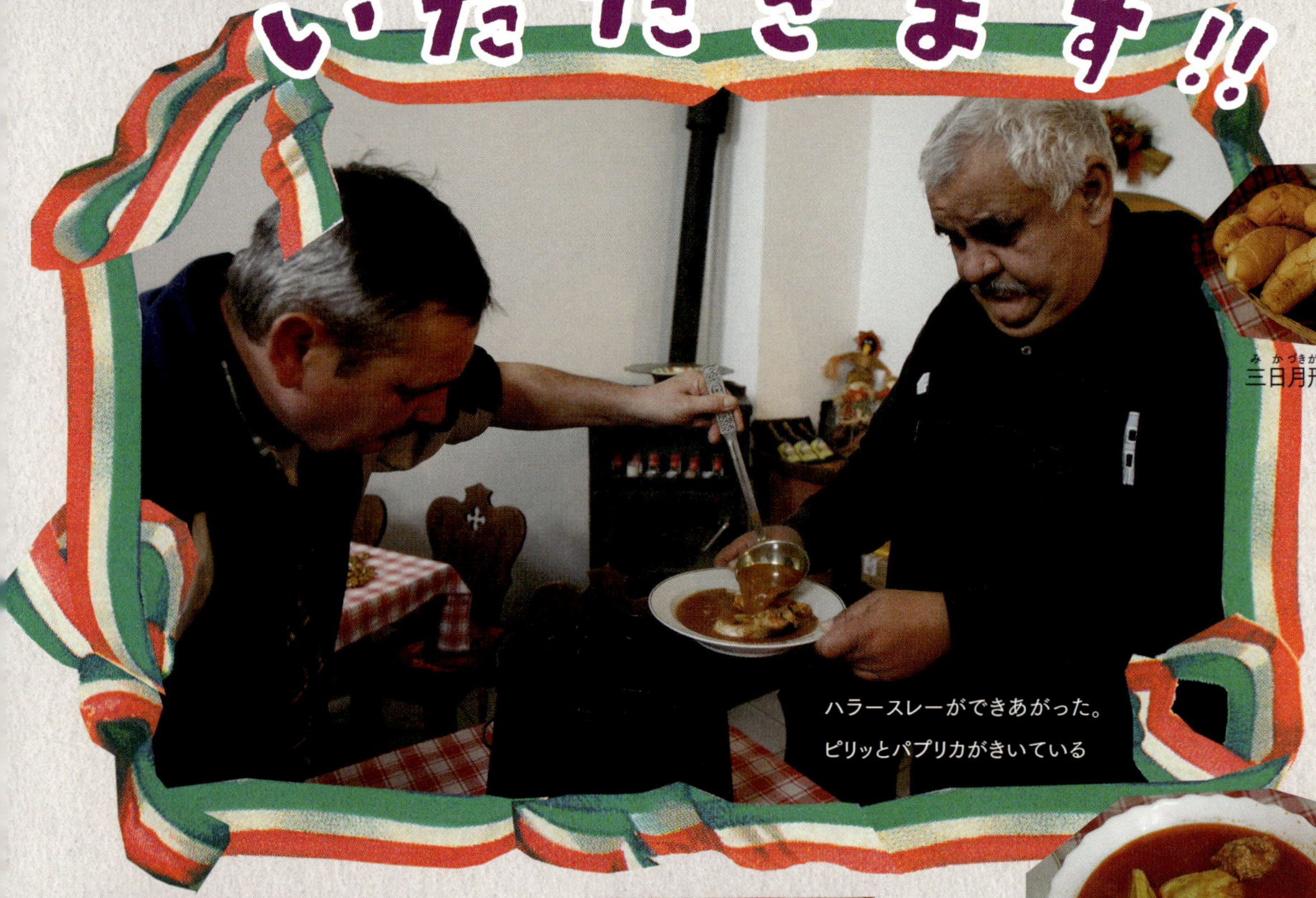

ハラースレーができあがった。
ピリッとパプリカがきいている

三日月形《みかづきがた》のパン

野菜《やさい》と卵《たまご》のいためもの

いろんなチョコレート

トルトット・パプリカのスープ

ハラースレー

トルトット・カーポスタ

ハンガリーは食材《しょくざい》が豊富《ほうふ》で、料理《りょうり》も種類《しゅるい》が多《おお》い。なかでもキーワードになっているのが「トルトット」。「トルトット」は「つめる」という意味《いみ》だ。「トルトット・カーポスタ」はロールキャベツ。「トルトット・パプリカ」はパプリカの肉《にく》づめ。いろんなものを「トルトット」しちゃうのだ。

もうひとつのこだわりが「ハラースレー」。川魚《かわざかな》のスープで、地方《ちほう》によって作《つく》りかたがずいぶんちがうそうだ。トカイ地方《ちほう》では、ティサ川《がわ》でとれた魚《さかな》を煮《に》こんで骨《ほね》ごと裏《うら》ごしした濃厚《のうこう》なスープ。作《つく》ってくれたコーニャさんいわく、「うちのハラースレーがいちばんうまい！」きっとほかの地方《ちほう》の人《ひと》たちも、胸《むね》をはってそういうにちがいない。

ローストポーク

とある日《ひ》の朝食《ちょうしょく》。パンとたっぷりのバター、サラミ、パプリカ、コーヒー

野菜《やさい》を天《てん》ぷら風《ふう》に揚《あ》げたもの

とうがらしのピクルスと腸《ちょう》づめ

ベーコンとサラミ、チーズのもりあわせ。ワインにピッタリ

ハンガリー・ホルトバージ国立公園《こくりつこうえん》

朝早《あさはや》くから牛《うし》を放牧《ほうぼく》する（左《ひだり》がイムレーくん）

あらくれグヤーシュの宿舎《しゅくしゃ》で記念写真《きねんしゃしん》

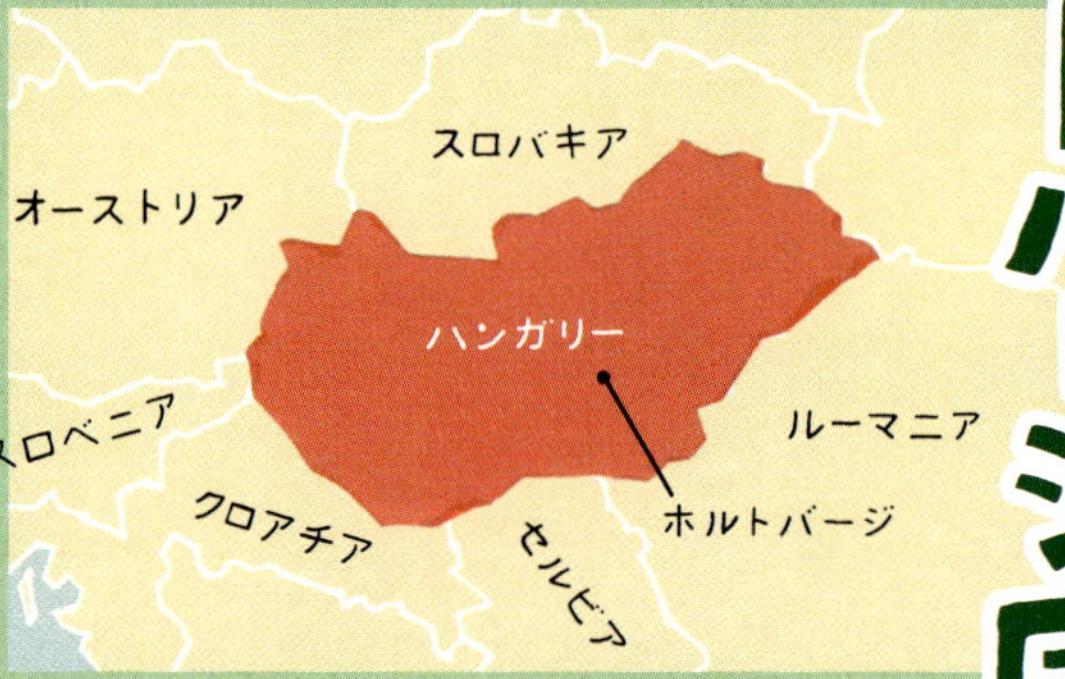

ホルトバージ国立公園について

ハンガリー中東部《ちゅうとうぶ》にあるホルトバージ国立公園《こくりつこうえん》には、灰色牛《はいいろぎゅう》、ラツカ羊《ひつじ》、マンガリッツァ豚《ぶた》と、ハンガリーにしか生息《せいそく》していない家畜《かちく》がいる。貴重《きちょう》な自然《しぜん》と、そこに生活《せいかつ》する人《ひと》びとのバランスのとれたくらしが評価《ひょうか》され、1999年《ねん》に世界文化遺産《せかいぶんかいさん》に登録《とうろく》された。

イムレーくんは「グヤーシュ（牛飼《うしか》い）」見習《みなら》いだ。伝統的《でんとうてき》なグヤーシュの服装《ふくそう》「カラプ（帽子《ぼうし》）」と「スール（マント）」を粋《いき》に着《き》こなす。雄牛《おうし》の首《くび》につけた鈴《すず》と風《かぜ》の音以外《おといがい》なにも聞《き》こえないホルトバージの大平原《だいへいげん》で、口《くち》ぶえで犬《いぬ》を自由《じゆう》にあやつり、牛《うし》の群《む》れを追《お》ってすごす。子《こ》どものころからグヤーシュにあこがれていたというイムレーくんは、この牧場《ぼくじょう》に来《き》てまだ四か月《げつ》。一人前《いちにんまえ》になるにはもう少《すこ》し時間《じかん》がかかりそうだ。

私《わたし》たちがたずねたのは十一月《がつ》。ホルトバージ平《へい》原《げん》の「ボーコニャ地区《ちく》」は、ティサ川《がわ》のほとりに広《ひろ》がる大牧場《だいぼくじょう》だ。加工食品《かこうしょくひん》や乳製品《にゅうせいひん》を作《つく》っている食品《しょくひん》メーカーが経営《けいえい》する牧場《ぼくじょう》で、ここを管理《かんり》しているのは五人《にん》のグヤーシュたち。イムレーくんもみんなと共同生活《きょうどうせいかつ》しながらグヤーシュの勉《べん》強《きょう》をつづけている。

ところで、ハンガリーの人《ひと》たちの祖先《そせん》は、中《ちゅう》央《おう》アジアの騎馬民族《きばみんぞく》だったそうだ。三七五年《ねん》の「ゲルマン民族《みんぞく》の大移動《だいいどう》」は、西《にし》ローマ帝国《ていこく》がほろびるきっかけになったけれど、その原因《げんいん》となったのは、中央《ちゅうおう》アジアにくらしていた騎馬民族《きばみんぞく》「フン族《ぞく》」がヨーロッパに侵入《しんにゅう》したことによる。実《じつ》はハンガリー（ＨＵＮＧＡＲＹ）の「ＨＵＮ」は、このフン族《ぞく》に由来《ゆらい》するといわれている。

ハンガリーの人《ひと》たちは、自分《じぶん》たちが、牛《うし》を追《お》ってユーラシア大陸《たいりく》のはてしない草原《そうげん》を西《にし》へ西《にし》へと大移動《だいいどう》してきたアジアの遊牧民《ゆうぼくみん》の子孫《しそん》だということを、いまでもとてもほこりに思《おも》っている。

それではイムレーくんたちがくらしているグヤーシュの宿舎《しゅくしゃ》をのぞいてみよう。

世界《せかい》でもめずらしい「食《た》べられる国宝《こくほう》」、マンガリッツァ豚《ぶた》

ハンガリーにしかいない灰色牛《はいいろぎゅう》

グヤーシュの1日《にち》

ボーコニャのグヤーシュたちは五人《にん》。年長《ねんちょう》のイムレーさんは食事担当《しょくじたんとう》。若《わか》いほうのイムレーくんは牛飼《うしか》い担当《たんとう》、陽気《ようき》なヨスコーさんはマンガリッツァ豚担《ぶたたん》当《とう》、ものしずかなゾリさんと、まだ二十才《さい》のオティロくんは牛《うし》の乳《ちち》しぼり担当《たんとう》だ。牧場《ぼくじょう》ではたらく人《ひと》たち「牧童《ぼくどう》」には「グヤーシュ（牛飼《うしか》い）」のほかにも「チコーシュ（馬飼《うまか》い）」、「コンダーシュ（豚飼《ぶたか》い）」、「ユハース（羊飼《ひつじか》い）」など、いくつかの種《しゅ》類《るい》があるが、「グヤーシュ」がいちばん、人《ひと》びとの口《くち》になじんだようで、牧童《ぼくどう》の人《ひと》たちが好《この》んで食《た》べる肉《にく》と野菜《やさい》たっぷりのシチューは、「グヤーシュ」と名《な》づけられて、ハンガリーの代表的《だいひょうてき》な料理《りょうり》になっている。

日《ひ》の出《で》とともに起床《きしょう》

まきわり

まきわりも大切《たいせつ》なしごとだ

朝《あさ》ごはん

昨夜《さくや》ののこりのグヤーシュか、パンとソーセージ

朝《あさ》ごはんのソーセージ

牛舎《ぎゅうしゃ》から牛《うし》を出《だ》す。牛《うし》を追《お》って大草原《だいそうげん》へ

グヤーシュは平原《へいげん》で牛《うし》を追《お》ってくらす

世界中《せかいじゅう》からいただきます！

食事《しょくじ》が終《お》わって寝《ね》るまでがいちばんくつろげる時間《じかん》

脂身《あぶらみ》は栄養《えいよう》たっぷり

大《おお》きなつるべ井戸《いど》で水《みず》をくみあげる

井戸《いど》の近《ちか》くに牛《うし》を誘導《ゆうどう》する。
井戸《いど》から水《みず》をくみあげて
牛《うし》に飲《の》ませる

昼《ひる》ごはん

パンと塩《しお》づけの脂身《あぶらみ》。それと水《みず》

食後《しょくご》のたばこを一服《いっぷく》。ちょっと昼寝《ひるね》

午後《ごご》も牛《うし》を追《お》って草原《そうげん》を移動《いどう》する

日《ひ》ぐれとともにしごとがおわる

夜《よる》ごはん

お楽《たの》しみのグヤーシュ！

みんなでバカ話《ばなし》を
しながら、杖《つえ》の細工《さいく》をする

9:00P.M.

おやすみなさい!!

日《ひ》がくれて宿舎《しゅくしゃ》にもどると食事《しょくじ》の時間《じかん》

昼《ひる》ごはん中《ちゅう》のイムレーくん

ハンガリー・ホルトバージ国立公園《こくりつこうえん》

いただきます!!

グヤーシュのいいところは「大量《たいりょう》に作《つく》りおきしておいて、腹《はら》がへったら食《た》べる方式《ほうしき》」なこと。いつも、こんなでっかい鍋《なべ》にたっぷりのグヤーシュを煮《に》こんでおくが、腹《はら》ぺこ男《おとこ》が5人《にん》もいれば、1日《にち》でからっぽになってしまう

ごちそうさまでした！

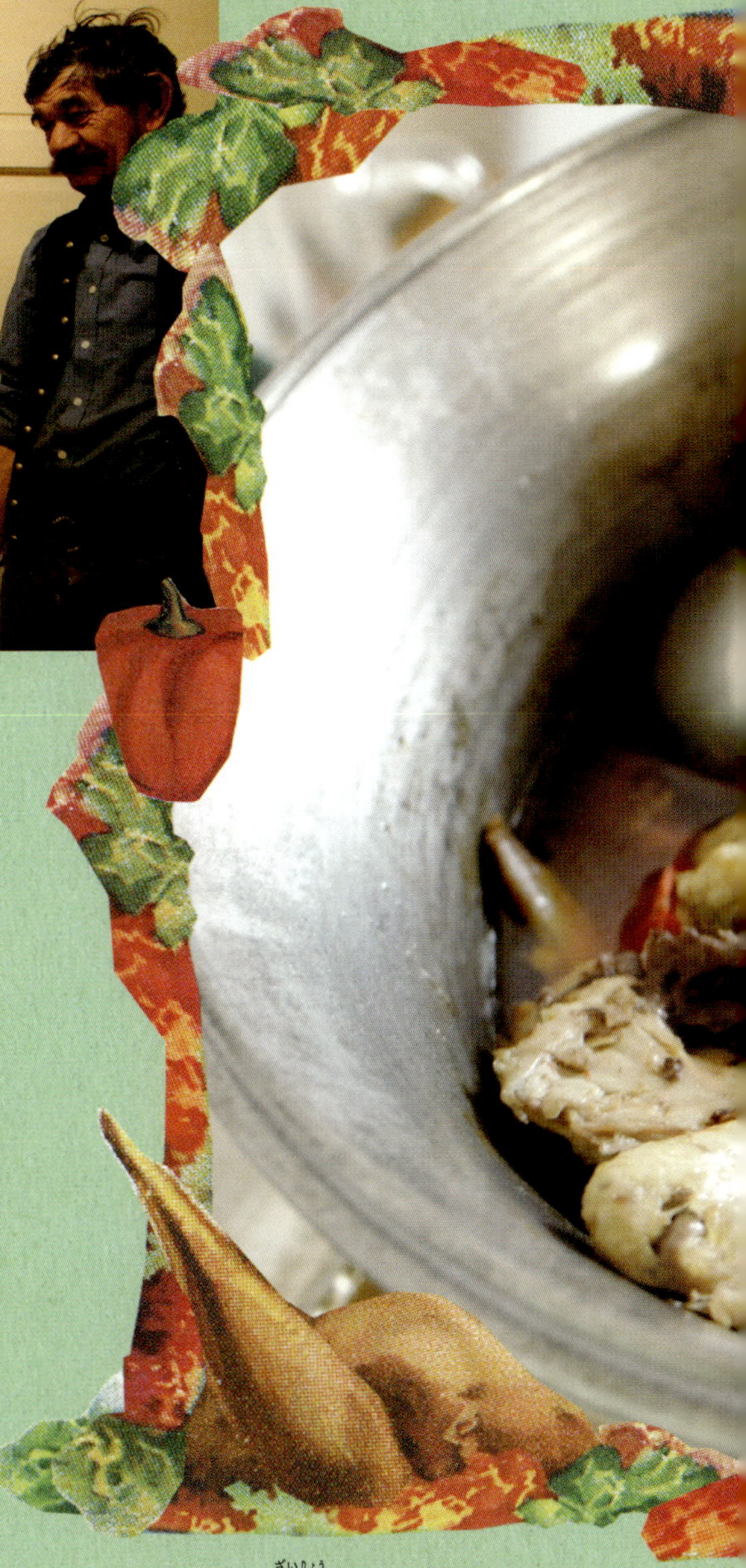

グヤーシュたちの食事《しょくじ》は、ほぼ毎日《まいにち》「グヤーシュ」だ。毎日毎日《まいにちまいにち》おなじもので、あきると思《おも》わない？　でも世界中《せかいじゅう》には、一年中《いちねんじゅう》、おなじようなものを食《た》べている人《ひと》が多《おお》い。日本《にほん》ほどバラエティにとんだ食事《しょくじ》をしている国《くに》は少《すく》ないように思《おも》える。

日《ひ》がくれて気温《きおん》が下《さ》がりはじめるころ、イムレーくんたちは腹《はら》ぺこでもどってくる。「さあ、メシだメシだ！」ゆげが立《た》ちのぼる、まっ赤《か》なスープを、フーフーいいながら、ひと口《くち》すると、パプリカの辛味《からみ》と甘味《あまみ》が口《くち》に広《ひろ》がる。大鍋《おおなべ》には男《おとこ》五人《にん》が食《た》べきれないほどのグヤーシュが煮《に》こまれているから、遠慮《えんりょ》することはない。食事《しょくじ》の種類《しゅるい》は少《すく》なくても、腹《はら》いっぱいグヤーシュが食《た》べられるだけで満足《まんぞく》なんだと思《おも》う。

グヤーシュの材料《ざいりょう》には、とくにきまりはないらしい。手近《てぢか》な野菜《やさい》と肉《にく》をぶちこんでパプリカの粉《こな》を大量《たいりょう》に入《い》れれば完成《かんせい》だ。体《からだ》の芯《しん》まで冷《ひ》えこむような寒《さむ》い日《ひ》に、アツアツのグヤーシュをかきこむと、ジワリと汗《あせ》がにじんでくる

いただきますコラム13

世界《せかい》の主食《しゅしょく》

「主食《しゅしょく》」というのは、ふだん食《た》べているごはんでいちばん重要《じゅうよう》なもの。日本《にほん》ならお米《こめ》だね。

でもインドから西《にし》では、小麦《こむぎ》が主食《しゅしょく》になる。小麦《こむぎ》を使《つか》った主食《しゅしょく》といえばパン。パンにも、いろいろな種類《しゅるい》がある。

たとえばインドでは、「タンドール」という縦型《たてがた》のかまどに火《ひ》をおこし、内《うち》がわに平《ひら》べったくのばしたパン生地《きじ》をはりつけて焼《や》いて食《た》べる。このパンは、発酵《はっこう》させたものを「ナン」といい、発酵《はっこう》させないものを「チャパティ」という。南《みなみ》インドでは「ポロタ」という少《すこ》し甘《あま》みのあるパンを、平《ひら》たい鉄板《てっぱん》の上《うえ》で焼《や》いたりもする。平《ひら》べったい「チャパティ」はエジプトやイエメンなどのアラブ地方《ちほう》に行《い》くと「ホブス」とよばれる。ホブスに羊肉《ひつじにく》やとり肉《にく》、豆《まめ》のコロッケなどをのせてクルクルと巻《ま》いて食《た》べるのが、アラビアのサンドイッチ「シュワルマ」だ。上《うえ》にチーズをのせてオーブンで焼《や》けばピザになる。小麦《こむぎ》は、イタリアではパスタになり、もっと北《きた》に行《い》くとフランスパンやイギリスの食《しょく》パンに、北《きた》アフリカでは、この本《ほん》でも紹介《しょうかい》した「クスクス」になる。

また、小麦粉《こむぎこ》に水《みず》や塩《しお》をくわえてこね、を長《なが》くひきのばした「麺《めん》」は中国《ちゅうごく》で発明《はつめい》され、シルクロードをへて世界《せかい》に広《ひろ》まった。麺《めん》は小麦以外《こむぎいがい》からもできる。タイの「クイッティオ」やベトナムの「フォー」のように、お米《こめ》の粉《こな》を使《つか》った麺《めん》もあるし、韓国《かんこく》の「冷麺《れいめん》」は緑豆《りょくとう》を使《つか》っていて、とてもコシが強《つよ》い。

ケニアやタンザニアなどの東《ひがし》アフリカでは、おもにとうもろこしの粉《こな》を熱湯《ねっとう》でねった「ウガリ」という食《た》べものが主食《しゅしょく》になる。この本《ほん》で紹介《しょうかい》したイエメンの「アシート」もおなじもの。チベットの主食《しゅしょく》「ツァンパ」(大麦《おおむぎ》の粉《こな》を炒《い》ったもの)は、グルグル茶《ちゃ》でこねて食《た》べるが、これは日本《にほん》の「そばがき」の親《しん》せきみたいなものだ。

このほか、熱帯《ねったい》の島《しま》など、米《こめ》や小麦《こむぎ》がとれない地域《ちいき》では、さつまいもや未熟《みじゅく》なバナナが主食《しゅしょく》になる。その地域《ちいき》にあった食《た》べものが主食《しゅしょく》になっているんだ。

タンドールで焼《や》くナン（インド）

米粉《こめこ》を発酵《はっこう》させて作《つく》るパン、
ドーサ（インド）

主食《しゅしょく》の王様《おうさま》、米《こめ》（ネパール）

クスクス（モロッコ）

焼《や》きバナナ（エクアドル）

アシート（イエメン）

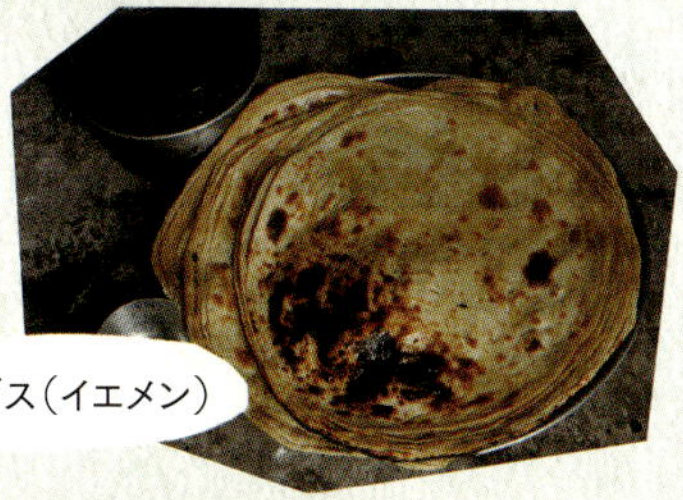
ホブス（イエメン）

パスタ（ギリシャ）

チャパティ（インド）

ポロタ（インド）

いも（パプア
ニューギニア）

ギリシャ

ギリシャ北部《ほくぶ》テサロニキ近《ちか》くのエーゲ海《かい》。テオドロスさんのムール貝養殖船《がいようしょくせん》が見《み》える

ムール貝漁師《がいりょうし》のテオドロスさん一家《いっか》

ギリシャについて

正式《せいしき》な名前《なまえ》	ギリシャ共和国《きょうわこく》	首都《しゅと》	アテネ	人口《じんこう》	約《やく》 1081 万人《まんにん》
面積《めんせき》	約《やく》 13.2 万平方《まんへいほう》キロメートル（日本の 3 分《ぶん》の 1 くらい）	おもなことば	現代《げんだい》ギリシャ語《ご》		

ギリシャ神話《しんわ》でおなじみの、ギリシャ文明《ぶんめい》の発祥《はっしょう》したところ。遺跡《いせき》がたくさんのこっている。国《くに》の大半《たいはん》が1年《ねん》を通《とお》して温暖《おんだん》ですごしやすい。ソクラテス、プラトン、アリストテレスなどの哲学者《てつがくしゃ》を生《う》んだ土地《とち》。

「でっかいソデイカが釣《つ》れたぞ。ほれ！」

ギリシャというと都市国家《としこっか》アテネ、哲学者《てつがくしゃ》のソクラテスなど、どことなくアカデミックな印象《いんしょう》が強《つよ》いけれど、実際《じっさい》に私《わたし》たちが出会《であ》ったギリシャ人《じん》は「超楽天的《ちょうらくてんてき》」な人《ひと》たちだった。

「食事《しょくじ》と酒《さけ》と音楽《おんがく》。これがオレたちの最大《さいだい》の楽《たの》しみなんだ」

テサロニキから車《くるま》で一時間《じかん》ほどの小《ちい》さな漁村《ぎょそん》、キミナ村《むら》でムール貝《がい》の養殖《ようしょく》をしているテオドロスさんの生活信条《せいかつしんじょう》だ。

「寝《ね》るのは時間《じかん》のむだ。寝《ね》てるあいだは死《し》んでるのとおなじだからね。人生《じんせい》は楽《たの》しまないと……おっと。そろそろ出《で》かける時間《じかん》だ」

そういって、テオドロスさんは、今日《きょう》も夜《よる》の町《まち》にでかけていく。文字《もじ》どおり「寝《ね》る間《ま》をおしんで」遊《あそ》びにいくのだ。

ギリシャには「シエスタ」という昼寝《ひるね》の習慣《しゅうかん》がある。朝《あさ》はみんな早起《はやお》きで、午《ご》前中《ぜんちゅう》はしごとに精《せい》を出《だ》す。テオドロスさんも朝《あさ》五時《じ》には家《いえ》を出《で》て養殖《ようしょく》の船《ふね》にのる。そしてお昼前《ひるまえ》に家《いえ》に帰《かえ》り、シャワーをあびて昼食《ちゅうしょく》。たっぷりの食事《しょくじ》とワインを胃袋《いぶくろ》に流《なが》しこんだら、家《か》族《ぞく》がパジャマに着《き》がえはじめた。

「それじゃあ、おやすみ」

そして午後《ごご》四時《じ》くらいまでぐっすりねむるのだ。銀行《ぎんこう》も商店《しょうてん》も、みんな店《みせ》じまい。私《わたし》たちもためしてみたけど、ゆっくり昼寝《ひるね》したあとは、とても元気《げんき》になる。まるで一日《にち》が二回《かい》あるみたいな気分《きぶん》だ。

そして午後《ごご》のしごとはちゃちゃっと終《お》わらせて、人《ひと》びとはおめかしして夜《よる》の町《まち》にくりだす。毎《まい》晩遅《ばんおそ》くまで、飲《の》めや歌《うた》えの大宴会《だいえんかい》となるのだ。

「シエスタ」はギリシャ以外《いがい》にも、スペインやイタリアなど、いわゆるラテン系《けい》とよばれる国々《くにぐに》によく見《み》られる習慣《しゅうかん》だが、彼《かれ》らの生《い》きかたをそのままあらわしているようにも思《おも》えた。そういえばギリシャ神話《しんわ》の神《かみ》さまたちも、よく宴会《えんかい》してるような……。

さて、テオドロス家《け》の家庭料理《かていりょうり》では、いったいどんなものが出《で》てくるだろう？

台所《だいどころ》をのぞいてみよう

外《そと》で魚《さかな》をさばく

魚介類《ぎょかいるい》をたくさん食《た》べます

地中海《ちちゅうかい》に面《めん》したギリシャでは漁業《ぎょぎょう》がさかんだ。テサロニキの魚市場《うおいちば》に行《い》くと、日本《ほん》でもおなじみのサバやイワシ、タイのなかまやタコ、タラコなどのほかに、見《み》たことのない魚《さかな》もたくさんならんでいる。

魚《さかな》のフライを作《つく》る

地下《ちか》にある台所《だいどころ》

テオドロスさんの家《いえ》では、毎《まい》日《にち》の食事《しょくじ》のための漁《りょう》もする。お父《とう》さんが、自分《じぶん》のボートを出《だ》して、まき網漁《あみりょう》をしているのだ。ある日《ひ》の午前中《ごぜんちゅう》、お父《とう》さんのボートにのせてもらった。まきあげた網《あみ》には体長《たいちょう》十五センチほどの小魚《こざかな》がたくさんかかっていた。バケツに二杯《はい》ほども魚《さかな》をとってくると、こんどはお母《かあ》さんと家《いえ》の地下《ちか》でウロコと内臓《ないぞう》をとり、小麦粉《こむぎこ》をまぶしてフライにする。この先《さき》三日分《かぶん》のおかずができあがりだ。

ムール貝《がい》工場《こうじょう》を見学《けんがく》！

アルバニアから働《はたら》きにきている人《ひと》たち。うしろにムール貝《がい》をバラバラにする機械《きかい》がある

テオドロスさんのムール貝《がい》の養殖工場《ようしょくこうじょう》を見学《けんがく》させてもらった。ムール貝《がい》は、海中《かいちゅう》にしずめた網《あみ》のなかで成長《せいちょう》する。大《おお》きくなったムール貝《がい》をいったん引《ひ》きあげて、船《ふね》に設置《せっち》された機械《きかい》にかけて、成長《せいちょう》の度合《どあ》いによって大中小《だいちゅうしょう》にわけ、ふたたび網《あみ》に入《い》れ、海《うみ》へもどす。貝《かい》を入《い》れる網《あみ》は二重《にじゅう》になっている。内《うち》がわの木綿《もめん》でできた網《あみ》は編《あ》み目《め》が小《ちい》さくて、貝《かい》はこぼれおちない。この網《あみ》はしばらくすると、とけてなくなってしまう。外《そと》がわの網《あみ》はナイロン製《せい》で編《あ》み目《め》が大《おお》きい。木綿《もめん》の網《あみ》がとけてなくなるころには、成長《せいちょう》したムール貝《がい》の触手《しょくしゅ》が外《そと》がわの網《あみ》にからみついて大《おお》きくなるというわけだ。

網《あみ》の入《い》れかえ作業《さぎょう》をなんどかくりかえすうちに、ムール貝《がい》は成長《せいちょう》して、身《み》がしっかりとつまり、四月《がつ》ごろにはムッチリとおいしいムール貝《がい》になる。

貝《かい》のつまった網《あみ》を海《うみ》へもどす

ロープから切《き》りはなして
ベルトコンベアにのせる

海中《かいちゅう》から養殖《ようしょく》の網《あみ》を引《ひ》きあげると成長《せいちょう》
したムール貝《がい》がギッシリくっついていた

機械《きかい》にかけて貝《かい》
をバラバラにする

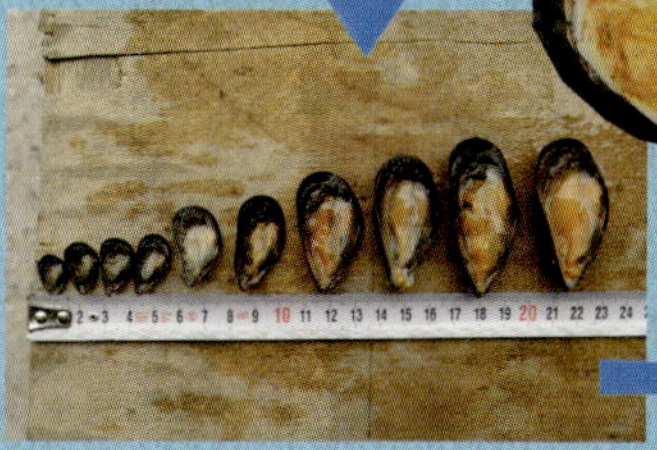

稚貝《ちがい》から成長《せいちょう》していくと、こんなに大《おお》
きくなるのだ

貝《かい》を大《おお》きさごとにまとめて、ふたたび
養殖網《ようしょくあみ》に入《い》れなおす

海水《かいすい》で貝《かい》を網《あみ》に流《なが》しこむ。すごいいきおいだ！

パスタもよく食《た》べる

魚《さかな》のオリーブオイルづけ

塩《しお》ゆでしたムール貝《がい》

貝《かい》の甘《あま》さがたまらなくおいしい!

タコを食《た》べる国《くに》というのは世《せ》界《かい》でもめずらしい。ギリシャもそのひとつで、「タコのオリーブオイルいため」は、ギリシャの名《めい》物料理《ぶつりょうり》。また、どの料理《りょうり》にもたっぷりとオリーブオイルが使《つか》われる。オリーブオイルには体《からだ》にいい成分《せいぶん》がたくさんふくまれているそうだ。ギリシャの人《ひと》たちが元気《げんき》な理由《りゆう》のひとつかも。

オリーブオイルをたくさんかける

生《なま》ガキ。プルプルの身《み》が、これまた甘《あま》い!

たくさん揚《あ》げた雑魚《ざこ》のフライ

いただきます!!

おなかをこわしたとき、お母《かあ》さんが作《つく》ってくれたミルクがゆ。コーラとともに

タコのグリル

魚《さかな》フライ。つけあわせはマッシュポテト

ギリシャの名物料理《めいぶつりょうり》、ビフテキ。ステーキではなく、ハンバーグのような感《かん》じ

豆《まめ》のトマト煮《に》こみ

イエメン

砂漠《さばく》がひろがるアラビア半島《はんとう》で、イエメンは緑《みどり》が多《おお》い地域《ちいき》

お世話《せわ》になったアミン・ガシムさんのご家族《かぞく》

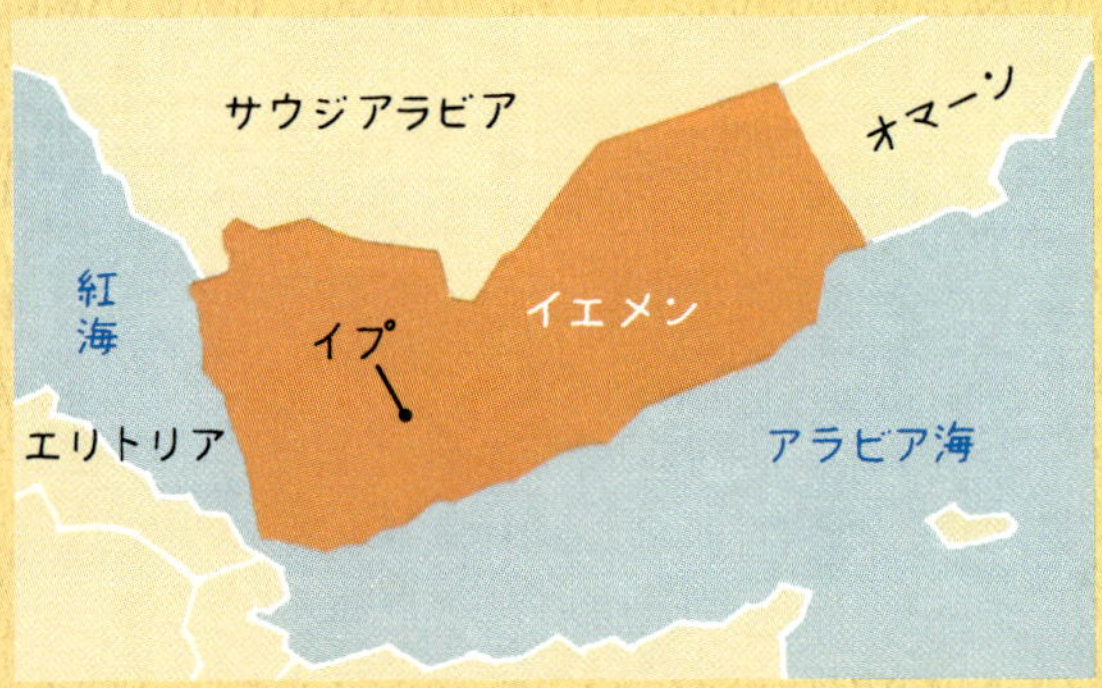

イエメンについて

正式《せいしき》な名前《なまえ》	イエメン共和国《きょうわこく》	首都《しゅと》	サヌア	人口《じんこう》	約《やく》2747万人《まんにん》
面積《めんせき》	55.5万《まん》キロ平方《へいほう》メートル（日本《にほん》の1.5倍弱《ばいじゃく》くらい）	おもなことば	アラビア語《ご》・ソコトリ語《ご》		

アラビア半島《はんとう》の南《みなみ》に位置《いち》するイエメンは、伝統的《でんとうてき》なアラブ文化《ぶんか》をもっとも強《つよ》くのこす地域《ちいき》といわれている。古《ふる》くから「アラビア=フェリックス」（幸福《こうふく》のアラビア）とよばれ、交易《こうえき》でさかえた。

ジャンビーアをさした子《こ》ども

イエメンの首都《しゅと》サナアの町《まち》を歩《ある》いていると、その風景《ふうけい》に、アラビアンナイトの世界《せかい》にまよいこんだかと思《おも》ってしまう。町《まち》を歩《ある》く人《ひと》たちも、おなかに「ジャンビーア」とよばれる「J《ジェイ》」の字《じ》のかたちのナイフをさし、ワンピース風《ふう》の白《しろ》い「ガラベイヤ」に「マシャダ（スカーフ）」をはおっていて、とても現代《げんだい》とは思《おも》えない、いでたちなのだ。しかし、なんかちょっと違和感《いわかん》がある。それはなにかといえば、彼《かれ》らが肩《かた》にかついで歩《ある》いているロシア製《せい》の自動小銃《じどうしょうじゅう》「カラシニコフ」だ。イエメンではカラシニコフをかついで出歩《である》くのがカッコイイのである。日本《にほん》の「サムライ」における「カタナ」のようなものなんだろう。「オマエも、一丁買《ちょうか》ったらどうだ？　ハクがつくぞ」とすすめられたが、もちろんおことわりした。銃《じゅう》をもったイカツイ男《おとこ》たちにギョロッとにらまれると、はっきりいってこわい。しかしひとたび客人《きゃくじん》としてむかえいれられると、彼《かれ》らはそこぬけに親切《しんせつ》だった。

もうひとつ気《き》づいたことがある。それは「町《まち》で女《おんな》の人《ひと》を見《み》かけることがめったにない」。イエメンの女性《じょせい》はあまり外出《がいしゅつ》しない。万《まん》が一外出《いちがいしゅつ》するときは、かならず親族《しんぞく》の男性《だんせい》と行動《こうどう》し、「アバヤ」という黒《くろ》い衣服《いふく》ですっぽりと体《からだ》をおおい、覆《ふく》面《めん》のような「ブルカ」をかぶり、見知《みし》らぬ男性《だんせい》の前《まえ》では、絶対《ぜったい》に顔《かお》を見《み》せないそうだ。

イエメンでお世《せ》話《わ》になったのは、南《なん》部《ぶ》の町《まち》イブの郊外《こうがい》にくらしているアミン・ガシムさんの家《いえ》。いったい、どんなものを食《た》べているのだろう？

「アラビアンナイト」のような町《まち》なみの首都《しゅと》サヌア

市場《いちば》へ行《い》ってみよう

青空市場《あおぞらいちば》に行《い》ってみた。野菜《やさい》が豊富《ほうふ》で、じゃがいもやインゲン豆《まめ》、トマト、キュウリなど、日《に》本《ほん》でもおなじみの野菜《やさい》がたくさん。干《ほ》しぶどうなどを売《う》るお店《みせ》、アラブのパンのお店《みせ》などもならぶ。その場《ば》で牛《うし》をと畜《ちく》して解体《かいたい》するお肉屋《にくや》さんもある。

くだもの屋《や》さん

とうがらしも売《う》っている

平《ひら》べったいアラブパン「ホブス」

豆《まめ》。はかり売《う》り

ワイルドなお肉屋《にくや》さん

店頭《てんとう》に首《くび》が置《お》いてあるのが新鮮《しんせん》な証拠《しょうこ》

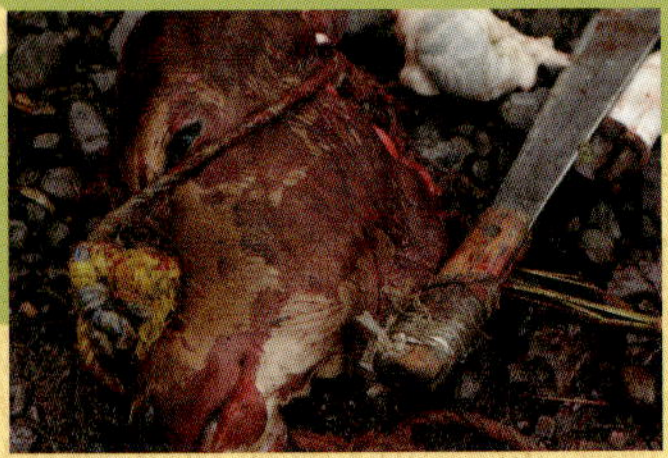

あっというまに骨《ほね》と肉《にく》だけになる

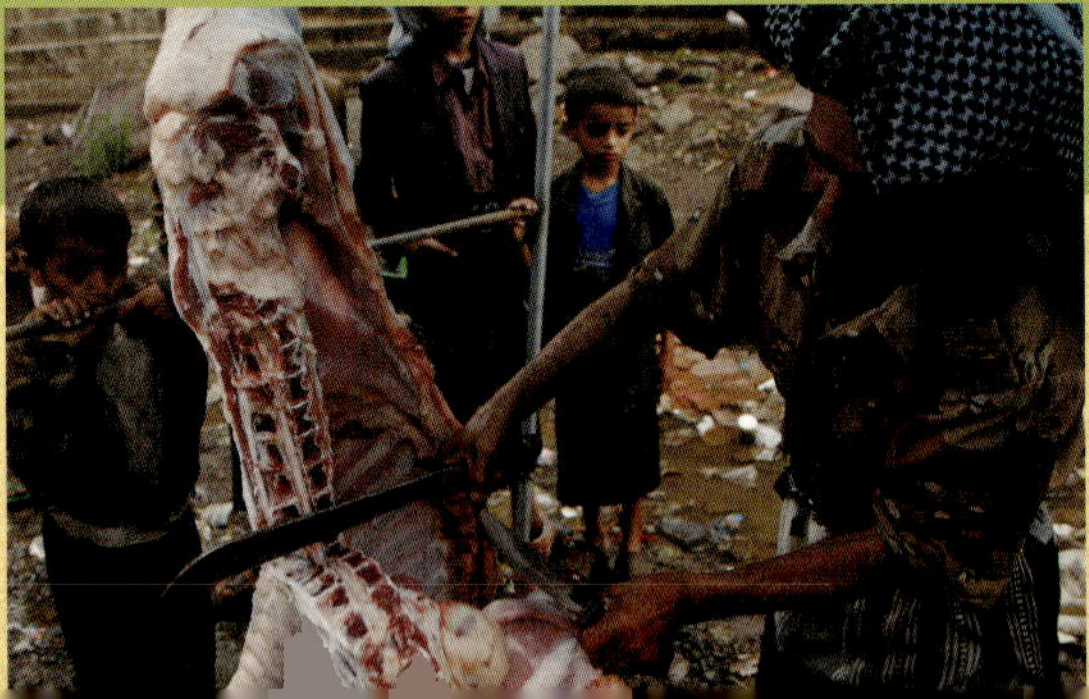

子牛《こうし》の解体《かいたい》

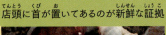

川《かわ》でのせんたくや、水《みず》くみなどは女《おんな》の人《ひと》のしごと

水《みず》くみは女《おんな》のしごと

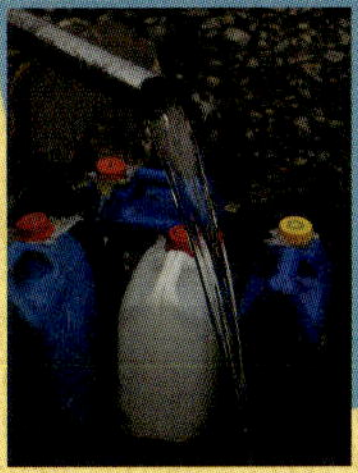

水道《すいどう》は通《とお》っていないので、水《みず》をくんで使《つか》う

まだ小《ちい》さい子《こ》はブルカをしていない

年《とし》ごろになると、ちょっとずつ顔《かお》をかくしはじめる

アミンさんの奥《おく》さん、ブシュラさん。ブルカ着用《ちゃくよう》

アミンさんのお母《かあ》さん、サイダさん。顔《かお》はかくしていない

細長《ほそなが》いトマト

八百屋《やおや》さん。ピーマンやぶどう、オクラがならぶ

女《おんな》の人《ひと》の必需品《ひつじゅひん》、ブルカ

イエメンでは、女《おんな》の子《こ》は年《とし》ごろになると「ブルカ」とよばれる布《ぬの》で顔《かお》をかくす習慣《しゅうかん》がある。小学校高学年《しょうがっこうこうがくねん》くらいになって、クラスメイトがブルカをつけはじめると、自分《じぶん》だけ顔《かお》を出《だ》しているのがはずかしくなるんだそうだ。いつふたたび顔《かお》を出《だ》すかも自分《じぶん》で決《き》めるそうで、アミンさんのお母《かあ》さんはあまりブルカをしていなかった。

台所《だいどころ》をのぞいてみよう

家《いえ》の屋上《おくじょう》にある台所《だいどころ》

イエメンでは料理《りょうり》を作《つく》るのは大変《たいへん》なしごとだ。朝《あさ》ごはんをかんたんにすますと、お母《かあ》さんたちは昼食《ちゅうしょく》の準備《じゅんび》にとりかかる。ここでは、なんといってもお昼《ひる》ごはんがいちばん大切《たいせつ》な食事《しょくじ》なのだ。小麦《こむぎ》をねってパンを焼《や》き、とうもろこしの粉《こな》をお湯《ゆ》でこねて、アシートとよばれる主《しゅ》食《しょく》を作《つく》り、羊肉《ひつじにく》をゆでてスープをとる。私《わたし》たちお客《きゃく》さんがやってきたので、お母《かあ》さんがはりきって作《つく》ってくれた豪華《ごうか》なメニューが、食卓《しょくたく》にならんだ。

パンを焼《や》く

ねった小麦粉《こむぎこ》をにぎりこぶしくらいの大《おお》きさにして、うすくひろげる

できあがった料理《りょうり》から客間《きゃくま》にはこぶ

なかはこんな感《かん》じ。水《みず》は沢《さわ》から引《ひ》いてくる

ガス台《だい》もあった

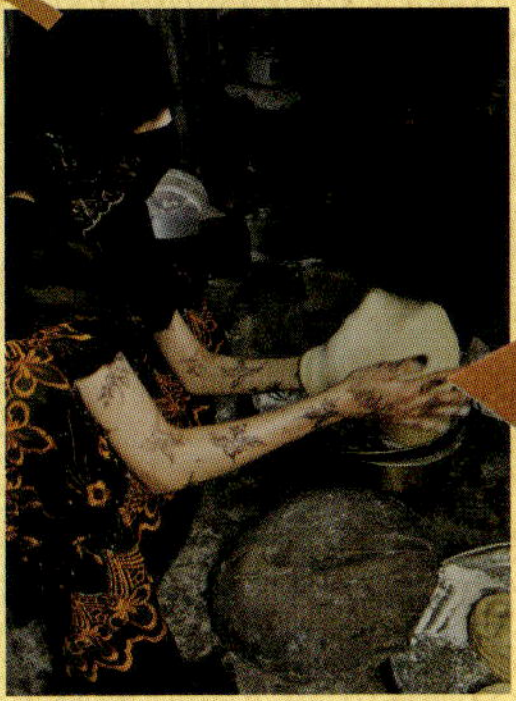

両手《りょうて》を使《つか》ってどんどん大《おお》きくする

かまどに枯《か》れ草《くさ》やまきを入《い》れて火《ひ》をつけ、あたためる

かまどの内《うち》がわに生地《きじ》をペタペタはりつけていく

3分《ぷん》くらい焼《や》いたらできあがり！

いただきます!!

みんなもくもくと手《て》をのばして食《た》べる

とうもろこしの粉《こな》をお湯《ゆ》でねった「アシート」。羊肉《ひつじにく》のスープをかけて食《た》べる

ファッタ。ちぎったパンにスープをかけたもの

器用《きよう》に手《て》を使《つか》って食《た》べる

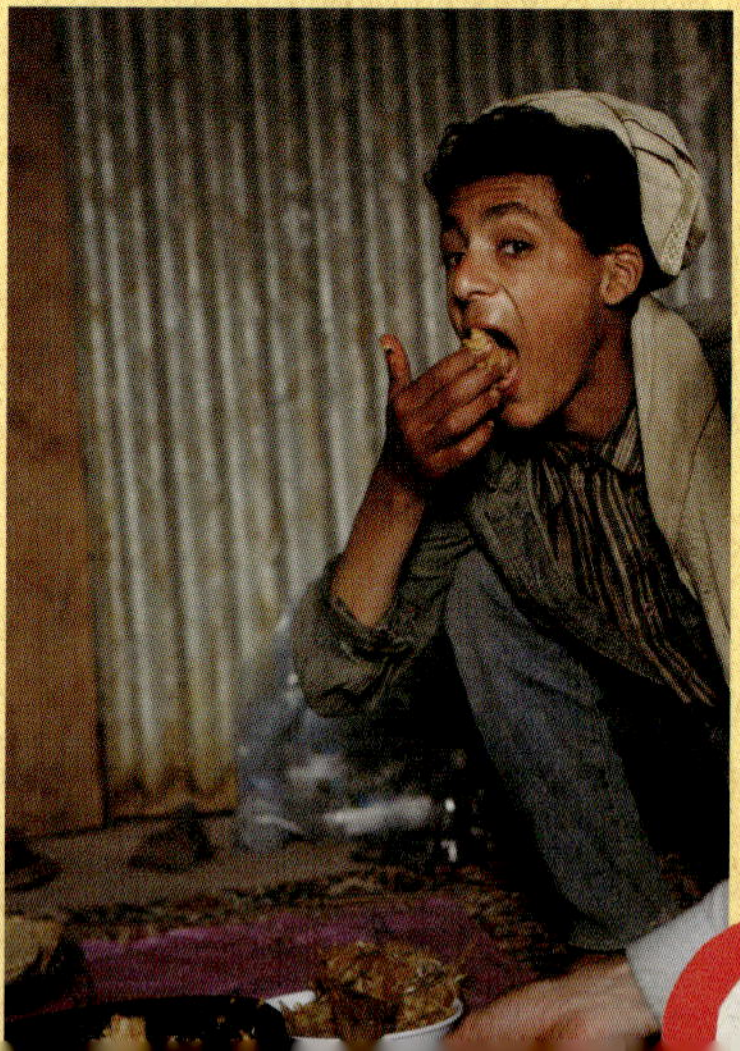

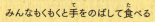

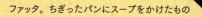

サルタ。じゃがいもをすりつぶして羊肉《ひつじにく》のスープをかけたもの

はちみつがたっぷりかかったパイ

はちみつはイエメンの特産品《とくさんひん》

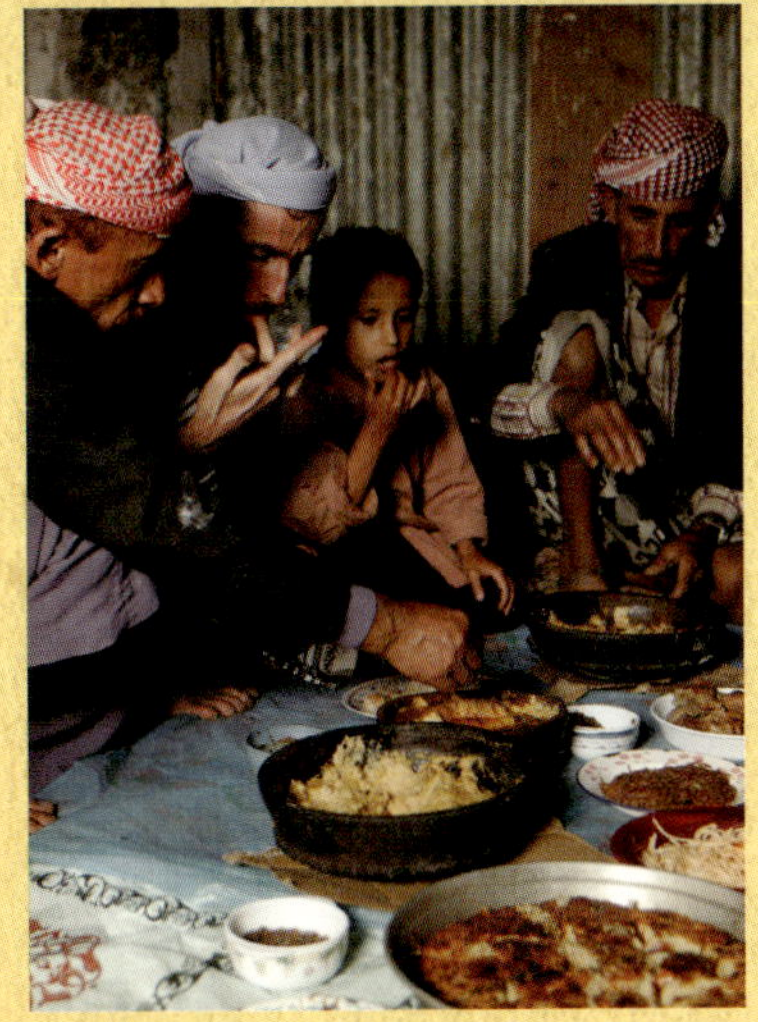

羊肉《ひつじにく》の煮《に》こみ

アラブパン

「さあさあ、メシだ」
十人《にん》ほどの男《おとこ》たちがドヤドヤ入《はい》ってきた。そして床《ゆか》の上《うえ》にずらりとならんだ料理《りょうり》に手《て》をのばす。「いただきます」なんていわない。おしゃべりもしない。みんな食《た》べることに真剣《しんけん》で、とにかく食欲《しょくよく》がみたされるまで、無言《むごん》で胃袋《いぶくろ》に食《た》べものをつめこむのだ。「やれ。食《く》った食《く》った」満腹《まんぷく》になった順《じゅん》に、男《おとこ》たちは引《ひ》きあげていく。やはり「ごちそうさま」のひとこともない。気《き》さくで率直《そっちょく》。やや乱暴《らんぼう》で品《ひん》がないのがイエメンの男《おとこ》たち。でもそこが魅力《みりょく》だったりもするのだけれど。

基本《きほん》のスープ。いろんなものにかける

日本《にほん》からのおみやげ

日本《にほん》から現地《げんち》のご家庭《かてい》にもっていくおみやげ。

いままでいろんなおみやげを買《か》ってもっていったんだけど、まずまちがいなくよろこばれるのは、つぎの四つだ。

1	サッカーボール
2	包丁《ほうちょう》
3	かきのたね
4	スキンケア化粧品《けしょうひん》

まずサッカーボール。世界《せかい》でいちばん競技人口《きょうぎじんこう》が多《おお》いスポーツはサッカーだそうだ。なぜかと考《かんが》えてみると、ボールがひとつあれば二十二人《にん》がいっぺんに遊《あそ》べるからだと思《おも》う。たいしてお金《かね》もかからないから、まずしい国《くに》の子《こ》どもたちでも遊《あそ》べる。サッカーボールをとりだすと、その家《いえ》の男《おとこ》の子《こ》の顔《かお》がパッとかがやくのだ。問題《もんだい》はかさばることと、すぐ空気《くうき》がぬけちゃうことかな……。

ふたつ目《め》の包丁《ほうちょう》。とくに、まずしい国《くに》では包丁《ほうちょう》が切《き》れない。くだものナイフみたいなのしかないご家庭《かてい》もたくさんある。だから日本《にほん》の切《き》れ味《あじ》がするどい包丁《ほうちょう》に、お母《かあ》さんが感動《かんどう》するのだ。ついでにごはんもおいしくなるから一石二鳥《いっせきにちょう》。

三つ目《め》のかきのたね。かきのたねはビールのおつまみで、よくお父《とう》さんが食《た》べてるやつだ。あのしょっぱくてピリッと辛《から》いのが、世界各地《せかいかくち》で大好評《だいこうひょう》なのだ。子《こ》どもではなくて大人《おとな》が食《た》べておいしいスナック菓子《がし》というのが、うけるのかもしれない。

四つ目《め》の化粧品《けしょうひん》。これはもちろんお母《かあ》さんにわたすおみやげだ。なんでお母《かあ》さんだけ特別《とくべつ》なのかって？　それは、どこの国《くに》でも、いちばんえらいのは、お父《とう》さんではなくてお母《かあ》さんだからだ！

意外《いがい》とうけなかったものランキング

1	アコーディオン
2	低周波治療器《ていしゅうはちりょうき》
3	イカの塩辛《しおから》

砂漠《さばく》の子《こ》どもたちと
サッカー（モロッコ）

日本《にほん》の包丁《ほうちょう》はよく
切《き》れる（ギリシャ）

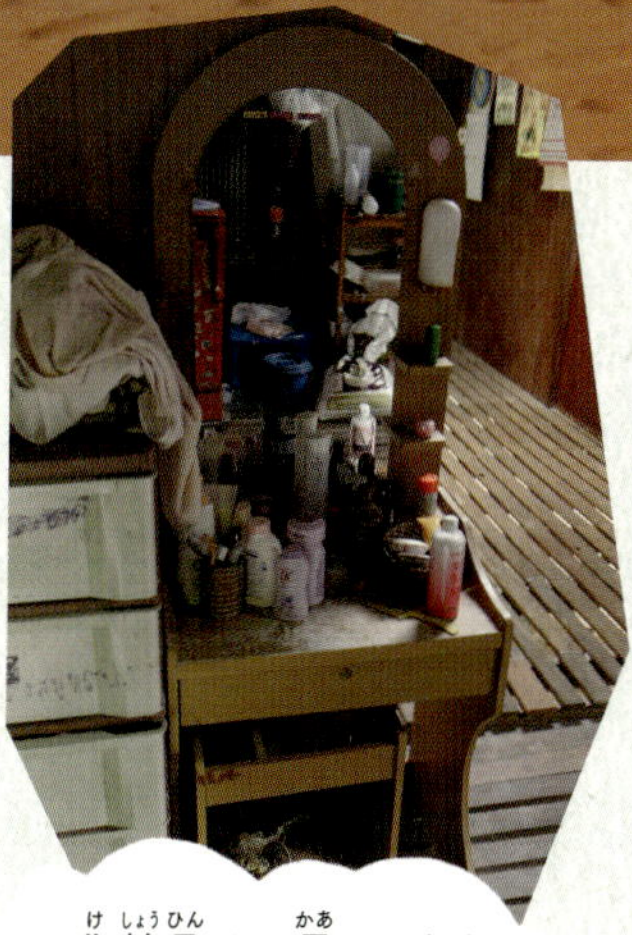

化粧品《けしょうひん》はお母《かあ》さんたち
に大好評《だいこうひょう》（カンボジア）

かきのたねを食《た》べる
イムレーくん（ハンガリー）

モロッコ・オアシスの農《のう》家《か》

古《こ》都《と》フェズの旧《きゅう》市《し》街《がい》。まるで迷《めい》路《ろ》のように入《い》りくんでいる

左《ひだり》からフセインさん、ムハンマドさん、ちびムハンマドくん

モロッコについて

正式《せいしき》な名前《なまえ》	モロッコ王国《おうこく》	首都《しゅと》	ラバト	人口《じんこう》	3392 万人《まんにん》
面積《めんせき》	44.6 万《まん》キロ平方《へいほう》メートル（西《にし》サハラをのぞいた面積《めんせき》。日本《にほん》の 1.2 倍《ばい》くらい）				
おもなことば	アラビア語《ご》・ベルベル語《ご》・フランス語《ご》				

アフリカ大陸《たいりく》の北西《ほくせい》のはしにある国《くに》。迷路《めいろ》のような町《まち》、フェズや、映画《えいが》で有名《ゆうめい》なカサブランカがある。

陶器《とうき》でできたおもちゃのタジン鍋《なべ》。とんがっている

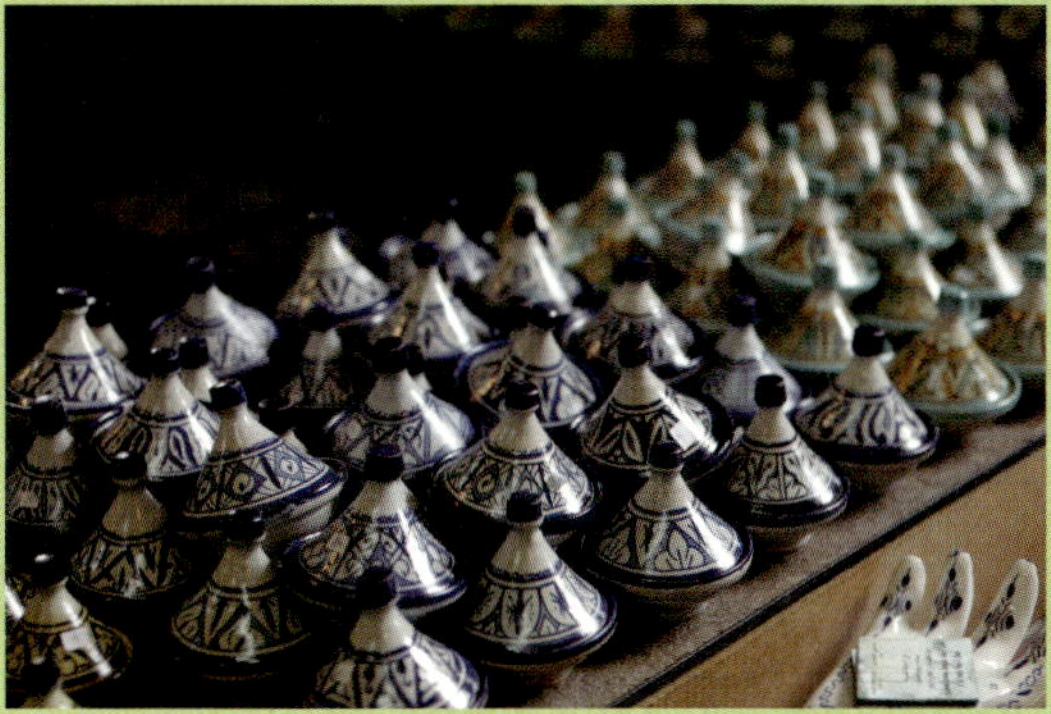

モロッコの人《ひと》たちは「とんがりもの」が好《す》きだ。たとえば、蒸《む》し料理《りょうり》に使《つか》う「タジン鍋《なべ》」。素焼《すや》きでできた鍋《なべ》で、ふたがとんがっている。よく見《み》かけるコート「ジュラバ」。フードの先《さき》っぽが、やっぱりとんがっている。そして、香《こう》辛料屋《しんりょうや》さんで見《み》かける色《いろ》とりどりの粉末《ふんまつ》。やっぱりとんがってる。

もうひとつ「とんがりもの」がある。イスラム教《きょう》の礼拝所《れいはいじょ》、モスクにあるドームだ。おそらくあのタマネギ形《がた》のドームが、「縁起《えんぎ》もの」になって、いろんなもののデザインとして広《ひろ》まったんじゃないだろうか？

モロッコはアフリカ大陸《たいりく》の北西端《ほくせいたん》にある。ジブラルタル海峡《かいきょう》をわたればスペインだ。まんなかにアトラス山脈《さんみゃく》が通《とお》っていて、北《きた》がわは雨《あめ》も多《おお》くて農業《のうぎょう》がさかん。南《みなみ》がわはサハラ砂漠《さばく》が広《ひろ》がり、オアシスが点在《てんざい》する。三月《がつ》のモロッコは、特産品《とくさんひん》のアーモンドが白《しろ》い花《はな》を咲《さ》かせていて、まるで日本《にほん》の桜《さくら》のようだった。私《わたし》たちがたずねたフセインさんは小麦《こむぎ》やイチジク、アーモンドなどを作《つく》る農《のう》家《か》で、アトラス山脈《さんみゃく》の南《みなみ》がわ、「カラアトムゴナ」というオアシスにくらしている。お父《とう》さんはムハンマドさん。フランスでくらしているお兄《にい》さんもムハンマドさん。そしてフセインさんの長男《ちょうなん》もムハンマドくん。どうやらモロッコでは長男《ちょうなん》に「ムハンマド」と名前《なまえ》をつける習慣《しゅうかん》があるらしい。この名《な》前《まえ》は、イスラム教《きょう》を作《つく》った「ムハンマド」にちなんでいる。

さて、オアシスで食《た》べるモロッコ料理《りょうり》。いったいどんなものが出《で》てくるかな？

市場《いちば》でもりつけられた香辛料《こうしんりょう》。とんがっている

モロッコのくらし

アトラス山脈《さんみゃく》は標高《ひょうこう》が四千メートルもある。スキーができるくらい雪《ゆき》もふるそうだ。その雪《ゆき》どけ水《みず》が、カラアトムゴナにも流《なが》れてくる。だからフセインさんの家《いえ》でも水《みず》はとてもゆたかだ。黄色《きいろ》い砂漠《さばく》と、雲《くも》ひとつない青空《あおぞら》のなかで、畑《はたけ》の緑《みどり》は目《め》にしみわたるようだ。アラビアの国《くに》の国旗《こっき》には緑《みどり》をあしらったものが多《おお》いけれど、その理由《りゆう》がわかる気《き》がした。

乳《ちち》しぼりは妹《いもうと》のマハジュバさんのしごと

しぼりたての牛乳《ぎゅうにゅう》。コーヒーにも入《い》れる

砂漠《さばく》のオアシスで、ゆたかな水《みず》はとてもぜいたく

牛乳《ぎゅうにゅう》を機械《きかい》でまぜてバターを作《つく》る

農作業《のうさぎょう》をする親《しん》せきのおばさん

麦畑《むぎばたけ》に肥料《ひりょう》をまく。あとは基本的《きほんてき》にホッタラカシでOK《オーケー》

市場《いちば》に羊《ひつじ》を買《か》いに行《い》く

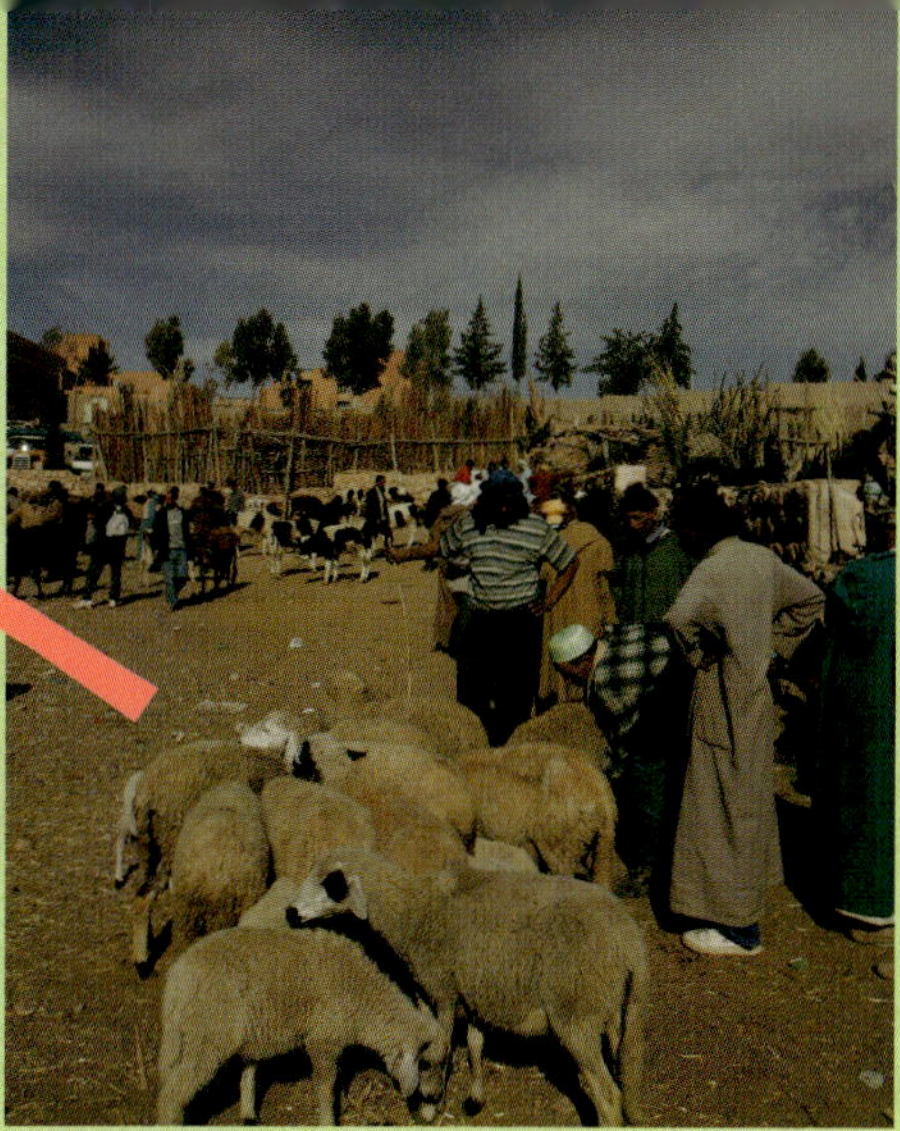
青空市場《あおぞらいちば》で羊《ひつじ》を品《しな》さだめ

モロッコでは、羊《ひつじ》の肉《にく》はめったに食《た》べられないごちそうだ。だからお母《かあ》さんは、腹《はら》ペコのお客《きゃく》さんに羊肉《ひつじにく》の料理《りょうり》を出《だ》すときに、ちょっとだけ知恵《ちえ》をしぼる。まずはじめに、野菜《やさい》たっぷりのタジン鍋料理《なべりょうり》やクスクス（つぶのようなパスタ）を出《だ》す。お客《きゃく》さんは、そのあとに羊肉《ひつじにく》が出《で》てくることを知《し》っている。でも腹《はら》ペコなので、ついつい手《て》が出《で》てしまう。ころあいを見《み》はからっていよいよメインの羊肉《ひつじにく》の料理《りょうり》が出《で》る。お客《きゃく》さんはまってましたと手《て》をのばすけれど、すでに野菜《やさい》やクスクスが胃袋《いぶくろ》の半分以上《はんぶんいじょう》をみたしていて、思《おも》ったほど肉《にく》を食《た》べることができない。こうして、のこった肉《にく》は、ぶじに家族《かぞく》の胃袋《いぶくろ》におさまるというわけだ。

車《くるま》のトランクに羊《ひつじ》をつんでもってかえる

めったにないごちそうだけに、テンションがあがる

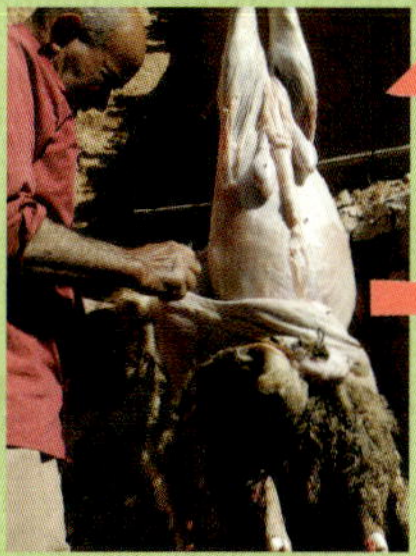
ナイフを使《つか》って皮《かわ》をはいでいく

背骨《せぼね》に沿《そ》って肉《にく》を切《き》りわける

新鮮《しんせん》な内臓《ないぞう》！

串焼《くしや》きにしていただきます！

いただきます!!

クスクス。野菜《やさい》などを煮《に》たものをかけて食《た》べる

あけると…

とんがりモロッコのタジン鍋《なべ》

タジンではじゃがいも、にんじん、グリンピースなど、いろいろな野菜《やさい》を煮《に》こむ

自家製《じかせい》の平《ひら》べったいアラブパン、ホブス

もちろん、お肉《にく》の前《まえ》には野菜《やさい》タジンが出《で》てきました

肉《にく》も、この通《とお》りわしづかみにして、むしゃむしゃ食《た》べる

鍋《なべ》の上《うえ》でクスクスが蒸《む》せるようになっている

モロッコの家庭《かていりょうり》料理《りょうり》といえば「タジン」と「クスクス」。「タジン」はタジン鍋《なべ》で煮《に》こんだ料理《りょうり》のことだ。素焼《すや》き鍋《なべ》は重《おも》たいので、なかに圧力《あつりょく》がかかり、材料《ざいりょう》がやわらかく煮《に》こまれる。クスクスは、つぶつぶのパスタをむした料理《りょうり》で、やはり煮《に》もの料理《りょうり》といっしょに食《た》べることが多《おお》い。鍋《なべ》にもくふうがされていて、野菜《やさい》を煮《に》こむ鍋《なべ》の上《うえ》にせいろをおいて、そこで同時《どうじ》にクスクスを蒸《む》せるようにできている。トマトソースに香辛料《こうしんりょう》をきかせたタジン料理《りょうり》とクスクスは、とても相性《あいしょう》がいい。

食事《しょくじ》をテーブルにこぼすのはマナー違反《いはん》ではないのだ

モロッコ・砂漠《さばく》の遊牧民《ゆうぼくみん》

砂漠《さばく》にひろがるイデルさんのお宅《たく》。いくつかのテントにわかれている

イデルさん一家《いっか》。手前《てまえ》の男《おとこ》の子《こ》ふたりは実《じつ》は兄弟《きょうだい》ではない。叔父《おじ》とおいだ

サハラ砂《さ》漠《ばく》について

アフリカ大陸《たいりく》の北部《ほくぶ》にある、世界最大《せかいさいだい》の砂漠《さばく》。日本《にほん》がまるまる 25 個入《こはい》ってしまうくらいの大《おお》きさで、10 か国以上《こくいじょう》にまたがり、アフリカ大陸《たいりく》の 3 分《ぶん》の 1 をしめる。

砂漠《さばく》の丘《おか》をすべりおりる遊《あそ》び

赤茶《あかちゃ》けた砂丘《さきゅう》とヤシの木《き》、遊牧民《ゆうぼくみん》のテント。まるで絵《え》に描《か》いたような砂漠《さばく》のオアシスが目《め》に飛《と》びこんでくる。モロッコ北東部《ほくとうぶ》の町《まち》メルズーガで舗装道路《ほそうどうろ》はおわり、そこから先《さき》は一面《いちめん》の砂《すな》の世界《せかい》だ。ラクダの背中《せなか》にゆられて、サハラ砂漠《さばく》をゆっくりと一時間《じかん》ほど進《すす》んだ先《さき》に見《み》えてきたのが、この小《ちい》さな小《ちい》さなオアシスだ。しかし私《わたし》たちのキャラバンはそこを素通《すどお》りしてしまった。あれあれ？　いったいどこに行《い》くのだろう。その先《さき》の砂丘《さきゅう》をひとつこえたくぼ地《ち》に、私《わたし》たちがお世話《せわ》になるイデルさん家族《かぞく》が住《す》むテント群《ぐん》が見《み》えてきた。

さっきの小《ちい》さなオアシスは、じつは観光用《かんこうよう》に作《つく》られたもの。私《わたし》たちはそこを管理《かんり》するイデルさん一家《いっか》と生活《せいかつ》をともにするのだ。イデルさんは元遊牧民《もとゆうぼくみん》。ラクダや羊《ひつじ》、山羊《やぎ》を放牧《ほうぼく》してくらしてきたが、気候《きこう》の変化《へんか》で雨《あめ》がふらなくなり、遊牧《ゆうぼく》をやめて、旅行会社《りょこうがいしゃ》が運営《うんえい》する観光《かんこう》オアシスの管理《かんり》やラクダの世話《せわ》などをするようになった。町《まち》から遠《とお》いので、子《こ》どもたちは学校《がっこう》には行《い》かない。そのかわり、砂漠《さばく》でのくらしかたを学《まな》んでいく。子《こ》どもたちにとって、砂漠《さばく》は遊《あそ》び場《ば》でもある。転《ころ》んでも痛《いた》くないし、太陽《たいよう》にジリジリ焼《や》かれて殺菌《さっきん》された砂《すな》つぶは清潔《せいけつ》だ。焼《や》けるような砂漠《さばく》も、日《ひ》かげに入《はい》ればすずしくて、心地《ここち》よく昼寝《ひるね》ができる。私《わたし》たちからすれば、砂漠《さばく》はなにもないイメージだけれど、意外《いがい》と快適《かいてき》だったりもするのだ。

　そんな砂漠《さばく》の元遊牧民《もとゆうぼくみん》、イデルさん一家《いっか》は、いったいどんなものを食《た》べているのだろうか？

ラクダは重要《じゅうよう》な交通手段《こうつうしゅだん》。性格《せいかく》が悪《わる》いらしい（？）

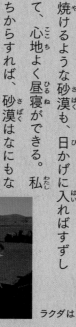

台《だい》所《どころ》をのぞいてみよう

ラクダのふんで火《ひ》をおこす

イデルさんのお宅《たく》は、いくつかのテントでできている。家族《かぞく》がくらすテント、私《わたし》たちが泊《と》めてもらった客間《きゃくま》テント、台所《だいどころ》テント、パン焼《や》きテント。そしてハンマーム（水あび）テントなど……。トイレは砂丘《さきゅう》の先《さき》の、目《め》立《だ》たないところですます。お母《かあ》さんは台所《だいどころ》テントでごはんを作《つく》り、パン焼《や》きテントのかまどでパンを焼《や》くのが日課《にっか》だ。

水《みず》はどこからくるの？

砂漠《さばく》にはもちろん水道《すいどう》がない。見《み》わたすかぎり砂《すな》だらけで、川《かわ》も近《ちか》くにない。水《みず》を手《て》に入《い》れるために、砂漠《さばく》のところどころにあるオアシスの井戸《いど》まででかけていく。

ロバにたくさんのポリタンクをくくりつけて井戸《いど》へ出発《しゅっぱつ》

砂漠《さばく》で料理《りょうり》をすると、どうしてもごはんに砂《すな》がまじってしまう。食《た》べてるとジャリジャリするけれど、なれてくると平《へい》気《き》になる

イデルさんの家《いえ》には粘土《ねんど》をかためたかまどがふたつある。ひとつは煮炊《にた》き用《よう》、もうひとつはパン焼《や》き用《よう》

冷蔵庫《れいぞうこ》は砂《すな》のなか

日《ひ》かげの砂地《すなじ》は想像《そうぞう》以《い》上《じょう》に冷《つめ》たいので、じゃがいもや、にんじんを保管《ほかん》するのにちょうどいい

燃料《ねんりょう》はふん

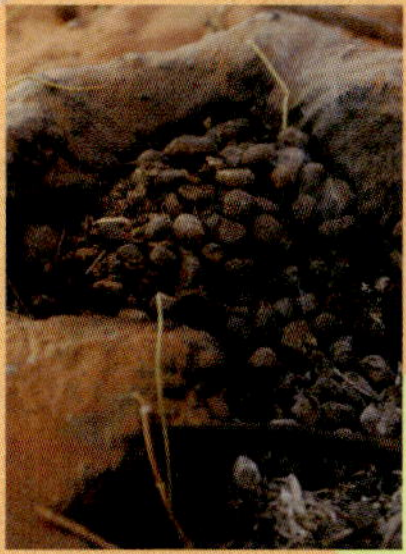

燃料《ねんりょう》はラクダのふんを乾燥《かんそう》させたもの。まきは貴重品《きちょうひん》

井戸《いど》のあるオアシスに到着《とうちゃく》！

ここは近所《きんじょ》にあるいちばん深《ふか》い井戸《いど》

ロープに空缶《あきかん》をむすびつけて、水《みず》をくみあげる

ロバにも水《みず》をあげる

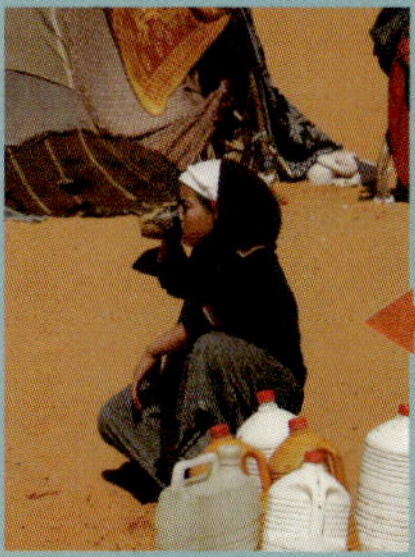

くみたての水《みず》はおいしい

とり肉《にく》を食《た》べる

にわとりをつかまえて
台所《だいどころ》テントへ

「神《かみ》の名《な》において」と、となえてからのどを切《き》るのが、イスラムの正式《せいしき》なと畜方法《ちくほうほう》

80度《ど》のお湯《ゆ》につけて
毛穴《けあな》をひらく

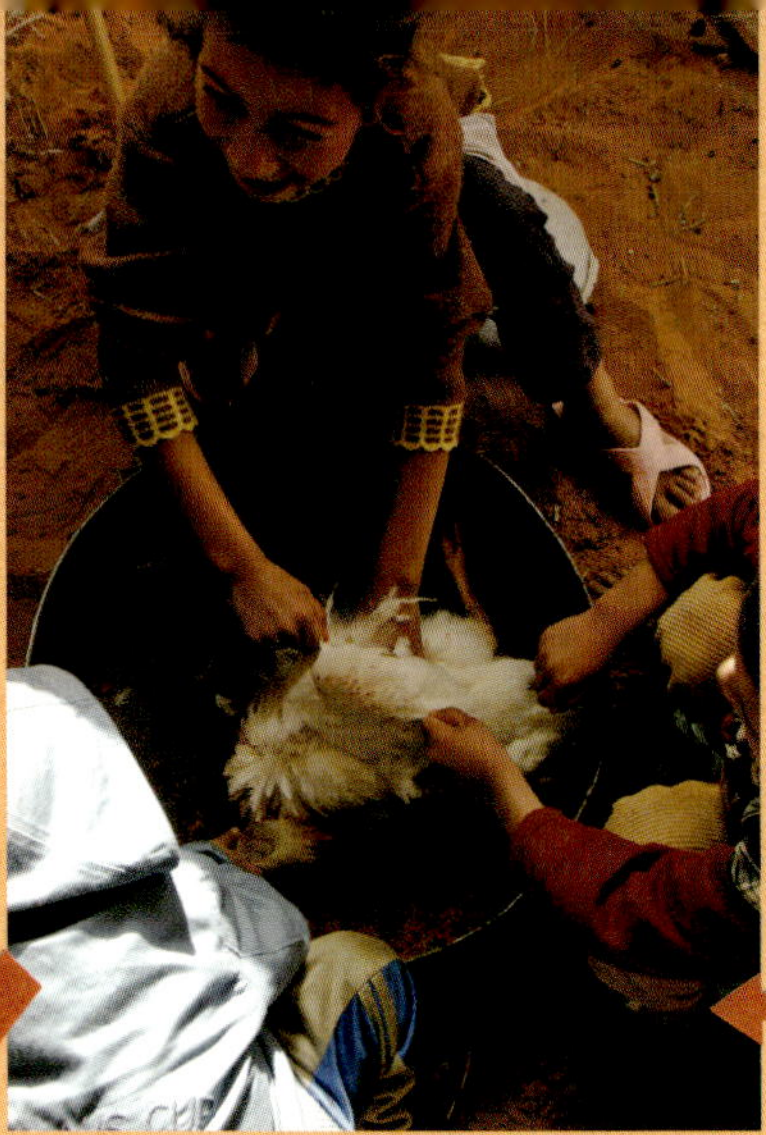

みんなで羽《はね》をむしる

イデルさんへのおみやげにもっていったのは生《い》きたままの三羽《わ》のにわとり。砂漠《さばく》には冷蔵庫《れいぞうこ》がないから、お肉《にく》をもっていってもすぐくさってしまう。生《い》きているにわとりをつれていって、食《た》べるときにさばけば、新鮮《しんせん》なお肉《にく》が食《た》べられるのだ。

包丁チェック!

長《なが》いナイフ。武器《ぶき》にもなりそう

部位《ぶい》ごとに切《き》りわける

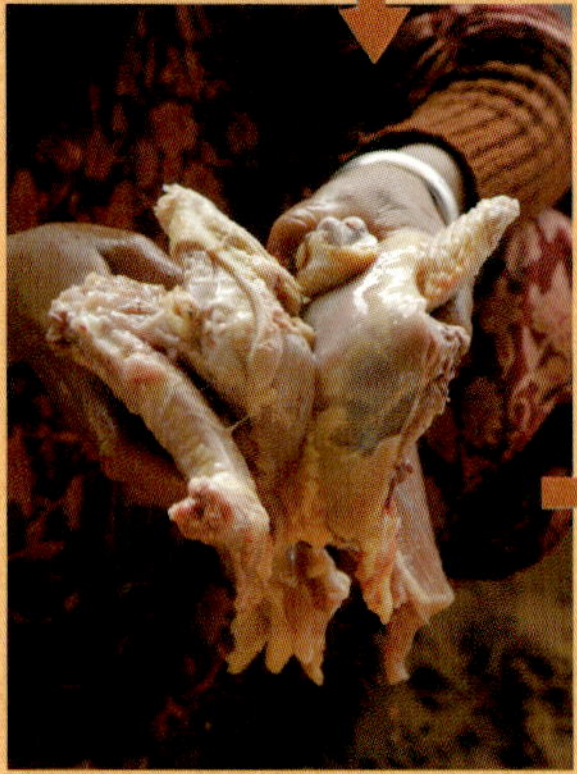

ぶじにお肉《にく》に変身《へんしん》

スープに入《い》れて煮《に》こむ

とり肉《にく》のタジンの完成《かんせい》

ベルベルピザを焼《や》く

ベルベルピザは、じゃがいもやにんじんをすりつぶして、パン生地《きじ》につつんで焼《や》いたもの。外《そと》はカリッと、なかはモチッとして、とてもおいしい。

ピザ生地《きじ》をのばす

じゃがいもと、にんじんのあんをつめて……

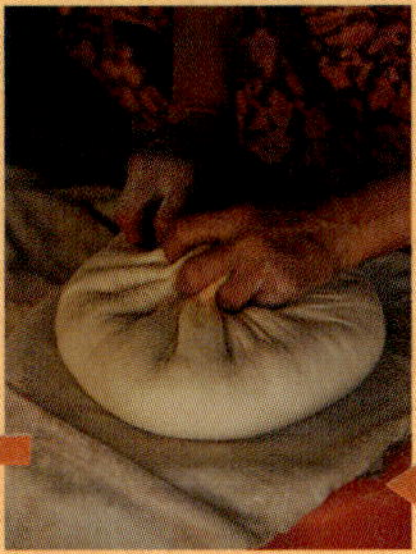
丸《まる》めこむ

たき火《び》をしたあとの砂《すな》にうめて……

その上《うえ》でもういちどたき火《び》

焼《や》けるまでじっとまつ

20分《ぷん》ほどで焼《や》きあがった

焼《や》きたてのベルベルピザはとてもおいしい！

モロッコのチャイ（お茶《ちゃ》）は甘《あま》い甘《あま》い緑茶《りょくちゃ》だ。こぶしくらいの大《おお》きさの砂糖《さとう》のかたまりをポットにドッポン。グラスにそそがれたお茶《ちゃ》がトロリとするくらいの砂糖《さとう》の量《りょう》だ。しかし、ふしぎとおいしい。暑《あつ》いときに水《みず》をたくさん飲《の》むと、血液《けつえき》のなかの糖《とう》分《ぶん》がうすまってしまう。それがひどくなると、体調《たいちょう》が悪《わる》くなることがある。だから一日《にち》になんどか甘《あま》いチャイを飲《の》んで、体《からだ》の調子《ちょうし》をととのえるわけだ。

1日《にち》でいちばん暑《あつ》い、午後《ごご》のおそい時間《じかん》に、イデルさんが毎日《まいにち》お茶《ちゃ》をはこんでくれた

砂糖《さとう》のかたまりを入《い》れる

午後《ごご》のお茶《ちゃ》セット

おみやげにもっていったオレンジ。とてもよろこばれた

とり肉《にく》のタジン

モロッコのお味《み》噌汁《そしる》、ハリーラ

いただきます!!

居間《いま》テントでお昼《ひる》ごはん。風通《かぜとお》しがいいようにテントのすそをあげている

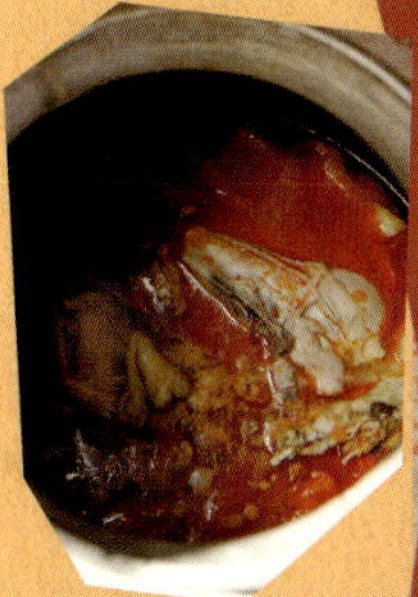

砂漠《さばく》でもタジンとクスクスは定番《ていばん》の家庭料理《かていりょうり》

ベルベルサラダ

くんできた水《みず》で手《て》を洗《あら》ってから食《た》べる

トイレの話《はなし》

「トイレでおしりをキレイにするやりかた」は、世界各地《せかいかくち》でいろいろあるけれど、大《おお》きくふたつにわけられそうだ。

ひとつは「おしりを水《みず》で洗《あら》う方《ほう》法《ほう》」。これは東南《とうなん》アジアからアフリカにかけての赤道一帯《せきどういったい》、つまりあたたかい地域《ちいき》に広《ひろ》がっている。手《て》おけに水《みず》をくんで、右手《みぎて》でおしりに水《みず》をかけながら、左手《ひだりて》で肛門《こうもん》をサワサワとやさしく洗《あら》うのだ。この「水洗《みずあら》い方式《ほうしき》」の地域《ちいき》は、食《しょく》事《じ》を手《て》で食《た》べる地域《ちいき》ともかさなっていて、「左手《ひだりて》を使《つか》わないこと＝上品《じょうひん》な食《た》べかた」とされている。なんとなく理解《りかい》できるよね。「水洗《みずあら》い方式《ほうしき》」とおなじやりかたで「砂洗《すなあら》い方式《ほうしき》」というのもある。これはサハラ砂漠《さばく》など、水《みず》が貴重《きちょう》な地域《ちいき》の人《ひと》たちのやりかたで、水《みず》のかわりに砂《すな》をこすりつけて洗《あら》う。これもとても気《き》もちがいい。

もうひとつは「おしりを紙《かみ》でふく方法《ほうほう》」だ。これは日本《にほん》や中国《ちゅうごく》、ヨーロッパなど、冬《ふゆ》が寒《さむ》い地域《ちいき》に広《ひろ》がっている（ヨーロッパの文化《ぶんか》が広《ひろ》がった中南米《ちゅうなんべい》でも紙《かみ》を使《つか》う）。そりゃそうだよね。真冬《まふゆ》に冷《つめ》たい水《みず》でおしりは洗《あら》いたくないもの。

ところで、世界《せかい》にはトイレじたいがない地域《ちいき》もたくさんある。たとえば、サハラ砂漠《さばく》やモンゴルの草原《そうげん》。こういう地域《ちいき》では、砂丘《さきゅう》のくぼ地《ち》とか、何百《なんびゃく》メートルも歩《ある》いて行《い》った先《さき》で、しゃがんで用《よう》をすませる。でも砂漠《さばく》の遊牧民《ゆうぼくみん》もモンゴルの人《ひと》たちも、視力《しりょく》がとんでもなくいい（一説《いっせつ》によると7・0もある人《ひと》もいるとか！）ので、「どこまで行《い》ってもお見通《みとお》し」だったりする。

また、インドの海岸《かいがん》を早朝《そうちょう》、散《さん》歩《ぽ》していると、砂浜《すなはま》にたくさんの人《ひと》がしゃがんでいるのを見《み》かける。そう。海《うみ》がトイレなのだ。ほかに、この本《ほん》で紹介《しょうかい》したモン族《ぞく》のように、家畜《かちく》や養殖《ようしょく》している魚《さかな》に食《た》べさせる地域《ちいき》もある。人間《にんげん》のウンコには、まだまだ栄養《えいよう》がたくさんのこっているんだね。

最後《さいご》に私《わたし》たちの感想《かんそう》だけど、「紙《かみ》ふき方式《ほうしき》」よりも「水洗《みずあら》い方《ほう》式《しき》」の方《ほう》が、だんぜん気《き》もちがいい。しかも使《つか》うのは水《みず》だけだからエコロジーでもある。

水《みず》で洗《あら》うトイレいろいろ

カンボジア トンレサップ湖《こ》
（アメーバ赤痢《せきり》にかかり、とてもお世話《せわ》になったトイレ）

モロッコ フセイン家《け》

タイ ヤオノイ島《とう》

ネパール
ガーレオン村《むら》

砂《すな》で洗《あら》うトイレ

サハラ砂漠《さばく》。
自分《じぶん》の好《す》きなところがどこでもトイレ

番外編《ばんがいへん》
インド ラダック地方《ちほう》
トイレ用《よう》の穴《あな》が
ほってあった

ペルー・アンデスの先住民族《せんじゅうみんぞく》

山《やま》あいの村《むら》、ポンゴパタ村《むら》

5人家族《にんかぞく》のフランシスカさん一家《いっか》といっしょに

ペルーについて

正式《せいしき》な名前《なまえ》	ペルー共和国《きょうわこく》	首都《しゅと》	リマ
人口《じんこう》	約《やく》3115万人《まんにん》	面積《めんせき》	約《やく》129万平方《まんへいほう》キロメートル（日本《にほん》の3.4倍《ばい》くらい）
ことば	スペイン語《ご》、ケチュア語《ご》、アイマラ語《ご》		

世界遺産《せかいいさん》でもあるインカ帝国《ていこく》の遺跡《いせき》のマチュピチュや、ナスカの地上絵《ちじょうえ》で有名《ゆうめい》な国《くに》。

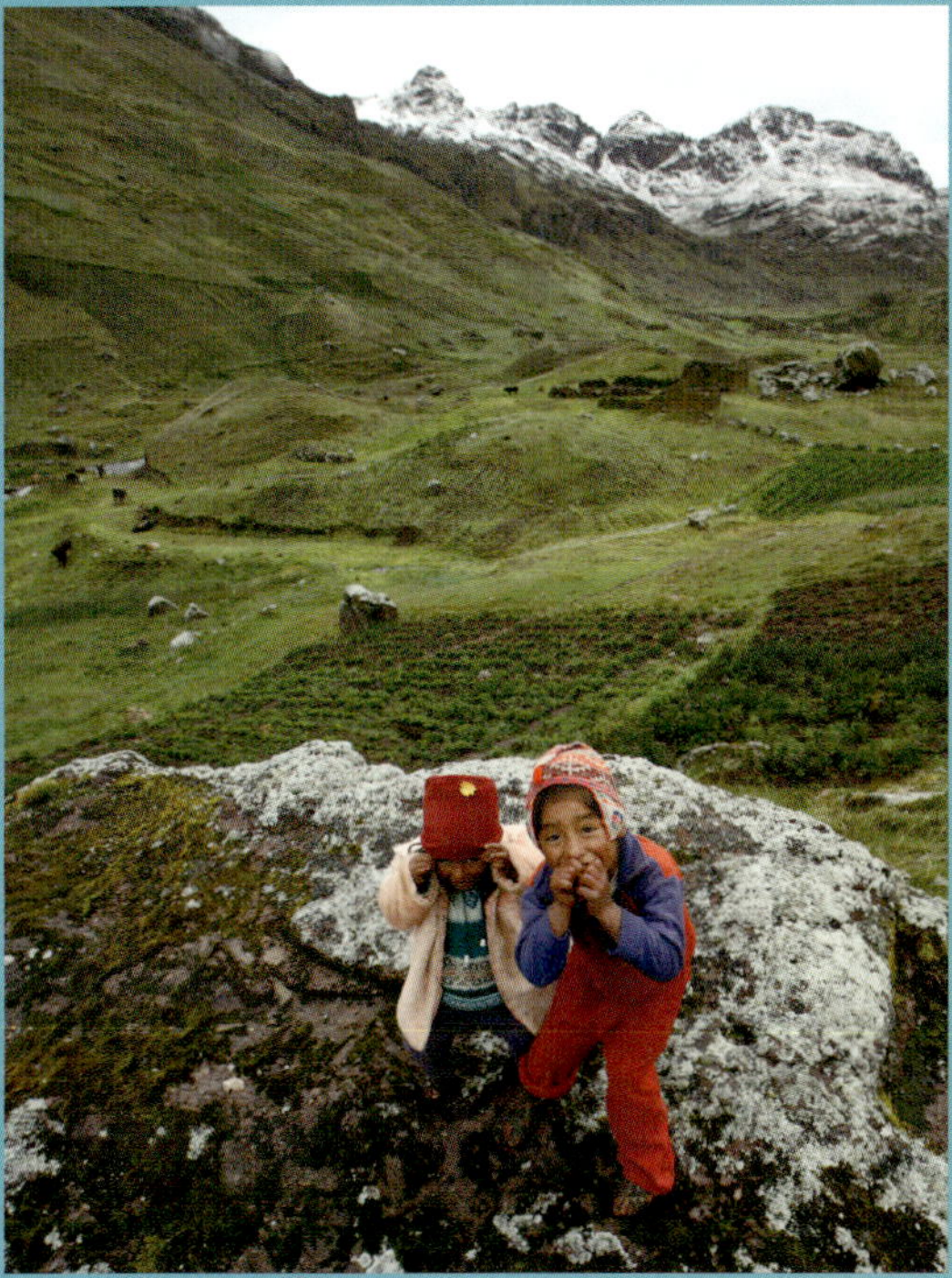

標高《ひょうこう》が高《たか》くて、真夏《まなつ》でも雪《ゆき》がとけない

南米《なんべい》アンデスの小《ちい》さな集落《しゅうらく》、ポンゴパタ村《むら》。村《むら》を歩《ある》いていて最初《さいしょ》に気《き》づくのは、村人《むらびと》がみんなラジオをかついで歩《ある》いていることだ。どこへ行《い》くにもかならずラジオ。山道《やまみち》で出会《であ》う人《ひと》も、畑《はたけ》をたがやしている人《ひと》も、みんなラジオを聞《き》いている。

「なんでかって? 時間《じかん》がわかるからさ」なるほど。しかしラジオには、じつはもうひとつ秘密《ひみつ》があった。村《むら》には電気《でんき》もきていないし、家《いえ》の電《でん》話《わ》も携帯電話《けいたいでんわ》もない。だから村《むら》の人《ひと》たちは、ラジオ局《きょく》の伝言《でんごん》サービスを利用《りよう》するのだ。

「だれそれへ。役場《やくば》に何時《なんじ》にいるからきてくれ」ふもとの村《むら》の公衆電話《こうしゅうでんわ》から、そんな伝言《でんごん》をふきこむ。するとラジオ局《きょく》が、そのまま放送《ほうそう》してくれる。友人《ゆうじん》は、時間《じかん》どおりではないかもしれないけれど、ともかくも山《やま》からおりてふもとの村《むら》役場《やくば》まできてくれる。村人《むらびと》にとってラジオ放送《ほうそう》は、貴重《きちょう》な通信手段《つうしんしゅだん》なのだ。

私《わたし》たちがたずねたのは、かつてのインカ帝国《ていこく》の首都《しゅと》クスコから車《くるま》で二時間《じかん》、さらに歩《ある》いて二時間《じかん》ほどのペルー南部《なんぶ》の谷《たに》あいにあるフランシスカさんの家《いえ》。インカ帝国《ていこく》を作《つく》った先住民《せんじゅうみん》「ケチュア族《ぞく》」の集落《しゅうらく》だ。リャマやアルパカ、羊《ひつじ》や山《や》羊《ぎ》を放牧《ほうぼく》し、じゃがいもや、とうもろこしなどを作《つく》ってくらしている。標高《ひょうこう》四千メートルの高地《こうち》にあるため、南米《なんべい》の真夏《まなつ》(南半球《みなみはんきゅう》なので季《き》節《せつ》が逆《ぎゃく》なのだ)の二月《がつ》であるにもかかわらず、気温《きおん》は十度《ど》を下《した》まわり、雪《ゆき》もふるほどの寒《さむ》さ。いったいどんなくらしをしているのだろう?

土《つち》でできたブロック「アドベ」をつみあげた家《いえ》

台《だい》所《どころ》をのぞいてみよう

かまどの近《ちか》くがいちばんあたたかい。クイを焼《や》いているところ

最初《さいしょ》に食《た》べたごはんは「クイ」の塩焼《しおや》きと、ゆでた「チューニョ」。クイは大《おお》きめのかわいらしいネズミだけど、ペットではなく家畜《かちく》として飼《か》われている。そのクイにかじりついてみると……なんと、ものすごくしょっぱい！ 日本《にほん》なら「超辛口《ちょうからくち》の塩《しお》ジャケ」だ。一方《いっぽう》のチューニョは、じゃがいもを凍《こお》らせて乾燥《かんそう》させた保存食《ほぞんしょく》だが（いわゆるフリーズドライだ）、カビくさくて、あまりおいしいものではない。これが鍋《なべ》に山《やま》ほど出《で》てき

高山病《こうざんびょう》の薬《くすり》になる野草《やそう》を煮《に》だしてくれた

にんじんの皮《かわ》をむく

とうもろこしのつぶをよりわけているところ

上流《じょうりゅう》の沢《さわ》から水《みず》を引《ひ》いてくる。冷《つめ》たくておいしい

川辺《かわべ》に生《は》えているコケを乾燥《かんそう》させたものが燃料《ねんりょう》

さばいた羊《ひつじ》をつるしておく

た。ケチュアの人《ひと》たちのあいだでは、食《た》べものをのこすことは、大変《たいへん》な失礼《しつれい》にあたるそうだ。私《わたし》たちは半《はん》べそをかきながら、超塩辛《ちょうしおから》いクイとカビくさいチューニョを食《た》べつづけた。初日《しょにち》から、なかなかハードな食事《しょくじ》だった。

「キヌア」は南米《なんべい》でよく食《た》べる穀物《こくもつ》。プチプチした食感《しょっかん》

コカの葉《は》。かんでいるとつかれがとれるそうだ

石《いし》で、にんにくをすりつぶす

クイ。日本《にほん》では「天竺《てんじく》ネズミ」という

㊙じゃがいものひみつ

探検家《たんけんか》のコロンブスが中南《ちゅうなん》米《べい》にたどりついたことで、いくつもの新《あたら》しい野菜《やさい》が世界《せかい》に知《し》られるようになった。

じゃがいも、さつまいも、かぼちゃ、トマト、とうがらし、ピーナツ、パイナップル、アボガド……ホントにたくさん！　なぜここで、これほど多《おお》くの野《や》菜《さい》ができたのだろう？

一説《いっせつ》によると、赤道近《せきどうちか》くの熱《ねっ》帯地域《たいちいき》で、標高《ひょうこう》が高《たか》いアンデスの東《ひがし》がわは、気温《きおん》の差《さ》が大《おお》きく、しかも太陽光線《たいようこうせん》がとても強《つよ》いので、突然変異《とつぜんへんい》がおこりやすいそうだ。

世界《せかい》でもめずらしい特別《とくべつ》な環境《かんきょう》が、私《わたし》たちの食卓《しょくたく》にかかせない野菜《やさい》たちを生《う》んでくれたのだ。

じゃがいもは種類《しゅるい》がたくさんある。皮《かわ》が紫色《むらさきいろ》のじゃがいも

乾燥《かんそう》じゃがいも、チューニョを水《みず》でもどす

谷間《たにま》は一面《いちめん》のじゃがいも畑《はたけ》

日本《にほん》でも売《う》っている黄《き》色《いろ》っぽいじゃがいも

羊肉《ひつじにく》とじゃがいも、チューニョ、にんじんの煮《に》もの

市場《いちば》では種類《しゅるい》ごとに山《やま》づみ

寒《さむ》がっていたらお母《かあ》さんが貸《か》してくれた。ポンチョスタイル

はおってコートがわりに

まほうの布《ぬの》、マンタ

マンタとは、ケチュアの人《ひと》たちがいつももちあるいているカラフルなふろしきのこと。ゆでたチューニョやとうもろこしをつつめば弁当箱《べんとうばこ》に。ふもとの村《むら》で買《か》った砂糖《さとう》や塩《しお》、マッチや洗《せん》剤《ざい》などをつつめばバッグに。寒《さむ》いとき、はおればコートに。中《ちゅう》央《おう》に穴《あな》をあければポンチョに。赤《あか》ちゃんをくるめば、だっこひもに早《はや》がわり。ただの一枚《いちまい》の布《ぬの》だけど、先住民《せんじゅうみん》の人《ひと》たちの知《ち》恵《え》がいっぱいつまっているのだ。

食《た》べものをつつんでお弁当箱《べんとうばこ》がわりに

市場《いちば》で買《か》った野菜《やさい》をつめる。エコバッグみたい

肩《かた》にかければバッグになる

ペルー・アンデスの先住民族《せんじゅうみんぞく》

天気《てんき》のいい日《ひ》は日《ひ》なたぼっこしながら昼《ひる》ごはん

いただきます!!

本日《ほんじつ》のお弁当《べんとう》。ゆでとうもろこしと塩辛《しおから》いお肉《にく》

お父《とう》さんも料理《りょうり》をする

とり肉《にく》はごちそう

夕食《ゆうしょく》は、ほとんど毎日《まいにち》スープ。
体《からだ》があたたまる

羊肉《ひつじにく》の煮《に》こみ

とり肉《にく》とじゃがいものスープ

フランシスカさんの家《いえ》では、何種類《なんしゅるい》かのじゃがいもを使《つか》いわけている。この種類《しゅるい》は、煮《に》もの用《よう》。こっちはやわらかいから、ふかしいも用《よう》。これは粘《ねば》りけがあるからポテトサラダ用《よう》……てなぐあいだ。「うちのじゃがいも畑《ばたけ》じゃあ、あのあたりの斜面《しゃめん》で育《そだ》つのがいちばんおいしいんだ」フランシスカさんのお父《とう》さんが指《ゆび》さした。畑《はたけ》によって味《あじ》がちがうなんて、すごい！　そのフランシスカさん、じゃがいもの皮《かわ》をむくのが、とても早《はや》い。じゃがいもをひょいと手《て》にとって、シャカシャカとむきはじめ……はい。おわり。計《はか》ってみたら、たったの二十秒《びょう》だった。さすが、世《せ》界《かい》でもっとも古《ふる》くからじゃがいもを食《た》べている人《ひと》たちだ。

ペルー・プレインカの街《まち》

プレ・インカの町《まち》、トルヒーヨ郊外《こうがい》

大家族《だいかぞく》のセグンドさんファミリー

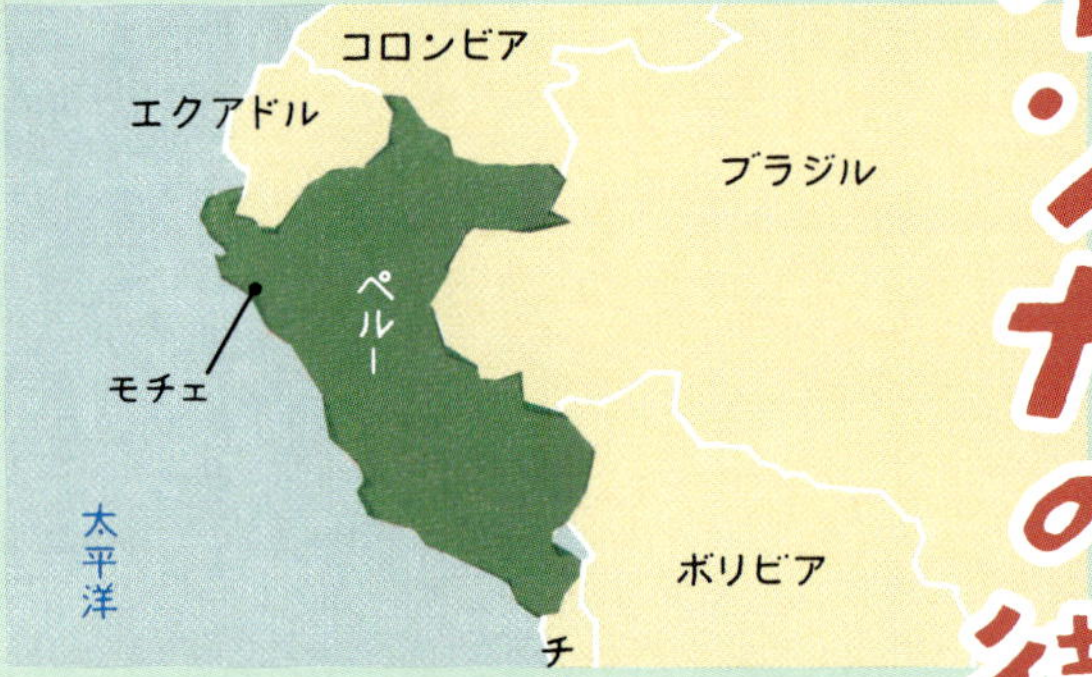

プレインカについて

セグンドさん一家《いっか》は、ペルーの先住民族《せんじゅうみんぞく》である「モチェ」の子孫《しそん》。ペルーの古代《こだい》の国《くに》といえば、インカ帝国《ていこく》が有名《ゆうめい》だが、それよりも前《まえ》に「プレインカ」とよばれる文化《ぶんか》をきずいた人《ひと》たちがいた。「モチェ」もそのひとつで、ペルー北部《ほくぶ》の海《うみ》ぞいに２～７世紀《せいき》ごろにさかえた。

モチェ文化《ぶんか》の遺跡《いせき》「月《つき》のワカ」(上《うえ》)、トマトの収穫中《しゅうかくちゅう》(下《した》)

セグンド家《け》は大家族《だいかぞく》だ。いちどセグンドさんのすべての兄弟《きょうだい》にあつまってもらったら、大《おお》さわぎになった。上《うえ》からフィナロ(60才《さい》)、ビクトル(57才《さい》)、フロール(55才《さい》)、パウリーノ(51才《さい》)、マリア(50才《さい》)、パウル(49才《さい》)、エルサ(45才《さい》)、セグンド(43才《さい》)、カルロス(40才《さい》)、ハビエル(38才《さい》)、フリオ(34才《さい》)。あわせて十一人《にん》。お母《かあ》さんのロサさんは七十八才《さい》で、孫《まご》とひ孫《まご》をふくめると家族《かぞく》は六十五人《にん》になるそうだ。みんな近《ちか》くに住《す》んでいて、クリスマスやだれかの誕生日《たんじょうび》には、お母《かあ》さんの家《いえ》にあつまる。家族《かぞく》をとても大切《たいせつ》にするペルー人《じん》らしく、一族《いちぞく》でたすけあってくらしている。

一族《いちぞく》があつまれば、食事《しょくじ》はもちろんペルーの名《めい》物料理《ぶつりょうり》「アサド」だ。アサドはバーベキューのことで、鳥肉《とりにく》や牛肉《ぎゅうにく》のかたまりを炭火《すみび》で焼《や》いて食《た》べる。ビールやワインで乾杯《かんぱい》して、宴《えん》たけなわになると、歌《うた》とおどりがはじまる。セグンドさん兄弟《きょうだい》はペルーの民族音楽《みんぞくおんがく》「フォルクローレ」のバンドを組《く》んでいる。場《ば》の空気《くうき》が一気《いっき》にはなやいだ。

沿岸部《えんがんぶ》に住《す》むモチェの人《ひと》たちは、おなじペルーでも、ものしずかで辛抱《しんぼう》づよいアンデスのケチュアの人《ひと》たちとは正反対《せいはんたい》。どことなく日本《にほん》でいう関西人《かんさいじん》のノリだ。歌《うた》とおどりが大好《だいす》き。おしゃべりで、じょうだんをいいあっては、いつも笑《わら》っている。陽気《ようき》なセグンドさん一家《いっか》の、楽《たの》しい食卓《しょくたく》をのぞいてみよう。

子犬《こいぬ》も家族《かぞく》の一員《いちいん》

台所《だいどころ》をのぞいてみよう

台所《だいどころ》で料理《りょうり》するエルサさん

かまどを使《つか》っている家《いえ》もある

パウリーノさんは
アサド作《つく》りの名人《めいじん》

ペルーは、知《し》る人《ひと》ぞ知《し》る「おいしいもの天国《てんごく》」だ。その理由《りゆう》は、食材《しょくざい》がとても豊富《ほうふ》なこと。ペルーの国土《こくど》は、南極《なんきょく》からの冷《つめ》たい海流《かいりゅう》がながれる沿岸部《えんがんぶ》と、アンデス山脈《さんみゃく》が南北《なんぼく》につらぬく中央部《ちゅうおうぶ》、そしてアマゾンの熱帯《ねったい》雨林《うりん》が広《ひろ》がる東部《とうぶ》の三つにわけられる。沿岸部《えんがんぶ》では魚介類《ぎょかいるい》が、山岳地帯《さんがくちたい》では穀物《こくもつ》、野菜《やさい》、畜産物《ちくさんぶつ》と乳製品《にゅうせいひん》が、そしてアマゾン地方《ちほう》ではくだものがとれ

ドーナツを揚《あ》げる

トマトとアボガドのサラダ（どっちも南米原産《なんべいげんさん》！）

トルヒーヨの市場《いちば》には、なんでもそろっている

南米原産《なんべいげんさん》のとうがらし

青《あお》いバナナは揚《あ》げて食《た》べる

コカの葉《は》のお茶《ちゃ》

乾燥《かんそう》させたとうもろこし

る。料理《りょうり》の種類《しゅるい》もゆたかだ。アヒ・デ・ガジーナ（とり肉《にく》のカレーソース煮《に》）、アロズ・コン・マリスコ（魚介類《ぎょかいるい》の炊《た》きこみごはん）、ロモ・サルタード（ペルー風《ふう》の肉《にく》じゃが）、セビチェ（白身《しろみ》魚《ざかな》のマリネ）など、おいしい料理《りょうり》がそろっている。機会《きかい》があったら、ぜひ食《た》べてみてほしい。

大量《たいりょう》のとり肉《にく》をしこむ

ここでもこれ（クイ）は食《た》べものです

いただきます!!

朝《あさ》ごはん

やわらかくゆでた
パスタのスープ

アヒ・デ・ガジーナ

豆《まめ》煮《に》こみごはん

ペルー風《ふう》の肉《にく》じゃがかけごはん

ゆでたキャッサバ(いものなかま)

牛肉《ぎゅうにく》のアサドとごはん

セグンド兄弟《きょうだい》の民族音楽《みんぞくおんがく》「フォルクローレ」でもりあがりは最高潮《さいこうちょう》！

子《こ》どももビールで乾杯《かんぱい》

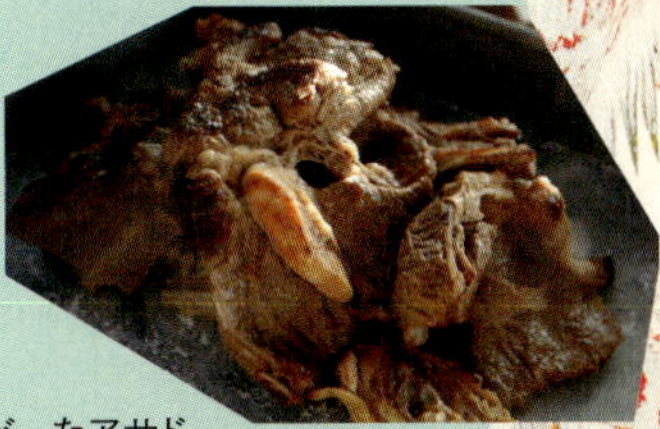

焼《や》きあがったアサド

ポテトフライと焼《や》きトマト

ペルーではお昼《ひる》ごはんが、一《いち》日《にち》でいちばんのごちそうだ。「テーブル出《だ》して！」お姉《ねえ》さんのエルサさんが台所《だいどころ》から顔《かお》を出《だ》すと、私《わたし》たちはいそいそと食卓《しょくたく》を外《そと》にはこびだす。めいっ子《こ》のマリアホセが料理《りょうり》をはこんでくる。山《やま》もりのごはん。タマネギとトマトのサラダ「エンサラダ」。そしてアヒ・デ・ガジーナ。それにソパ（スープ）だ。

最後《さいご》におばあちゃんが席《せき》について、家族全員《かぞくぜんいん》がそろった。「アーメン……」セグンドさんが胸《むね》もとで十字《じゅうじ》を切《き》って黙《もく》とうすると、家族《かぞく》も目《め》を閉《と》じる。一《いっ》瞬《しゅん》の沈黙《ちんもく》だ。「さあ、食《た》べよう！」みんながいっせいに食器《しょっき》に手《て》をのばす。今日《きょう》もにぎやかな食事《しょくじ》がはじまった。

いただきますコラム06

カップめんをいただきます!!

居候《いそうろう》するときは、かならず日本《にほん》のカップめんをもっていく。はじめは自分《じぶん》たちが食《た》べるためだった。でも、現地《げんち》のご家族《かぞく》に食《た》べてもらうと、意外《いがい》とうけがいい。日本《にほん》のカツオや昆布《こぶ》のだしがきいたそばやうどんは、多《おお》くの人《ひと》たちにとって、きっと初体験《はつたいけん》の味《あじ》だ。みんな興味《きょうみ》しんしんで食《た》べてくれる。

アンデス先住民《せんじゅうみん》の人《ひと》たちにも大好評《だいこうひょう》!

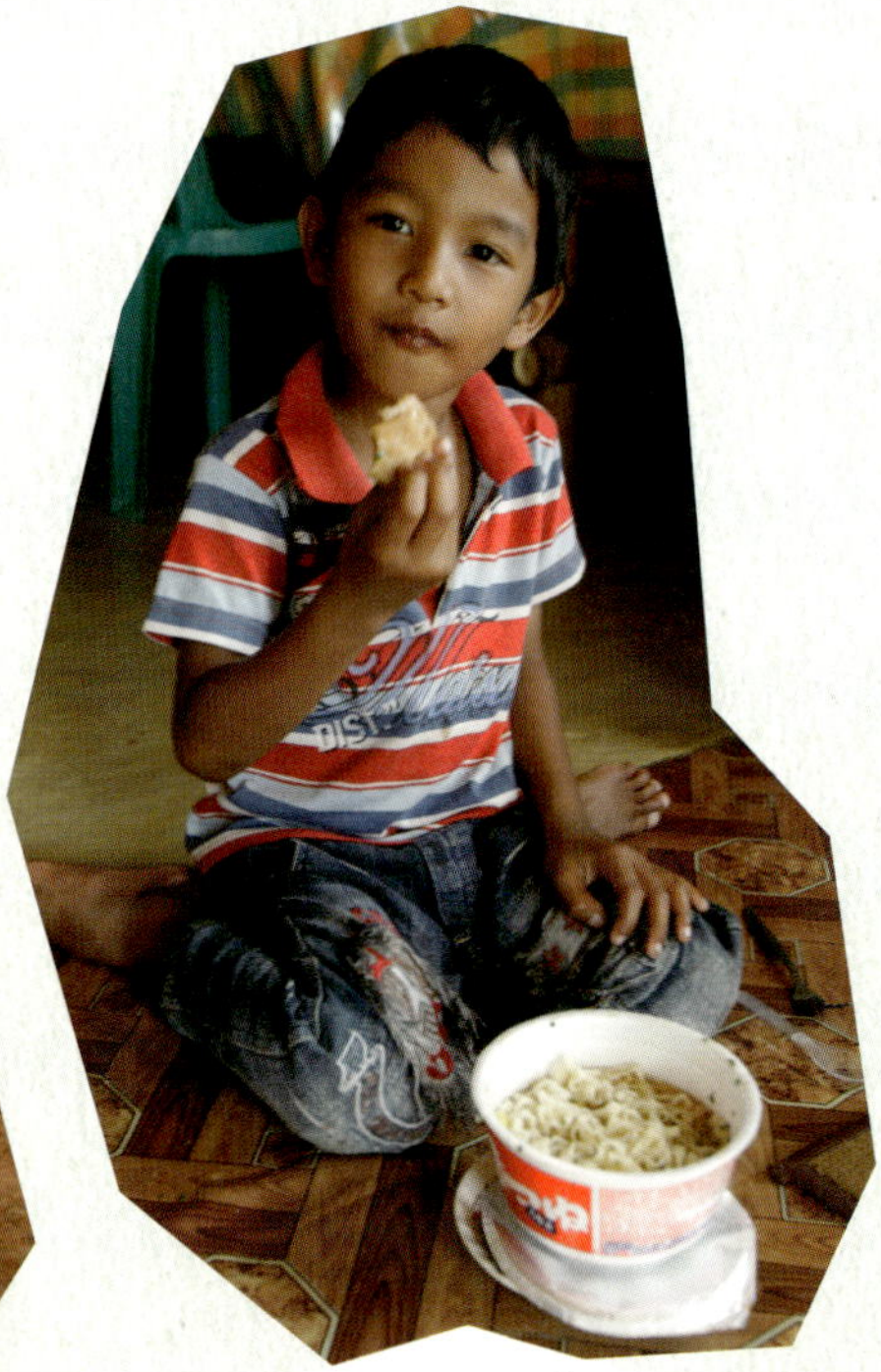

インドネシアの子《こ》も大満足《だいまんぞく》

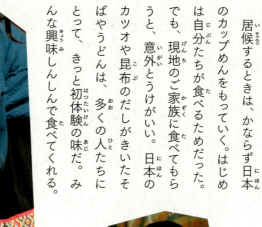

カンボジアでも！

タイでも、めんはよく食《た》べるけど、うどんの食感《しょっかん》は、はじめてかも？

モンゴルの子《こ》どもにとっては初体験《はつたいけん》の豚骨《とんこつ》だし。汁《しる》まで完食《かんしょく》！

ラダックのお母《かあ》さんも大《おお》よろこび

ハンガリーのヤノシュさんは「熱《あつ》い熱《あつ》い」といいながら食《た》べてくれた

おわりに

最後《さいご》にご紹介《しょうかい》したセグンドさん家族《かぞく》をたずねたのは五年前《ねんまえ》のことでした。お母《かあ》さんといっしょに、たくさんの兄弟《きょうだい》姉妹《しまい》、おいっ子《こ》、めいっ子《こ》にかこまれてくらすセグンドさん一家《いっか》は、裕福《ゆうふく》なご家庭《かてい》ではありませんでしたが、とても幸《しあわ》せそうでした。発展《はってん》途上国《とじょうこく》の人《ひと》たちは、親《しん》せきや友《とも》だちにささえられて生《い》きています。だから家《か》族《ぞく》をとても大切《たいせつ》にします。お金《かね》もちになることよりも、会社《かいしゃ》で出世《しゅっせ》するよりも、家族《かぞく》やなかまと幸《しあわ》せにくらすことのほうが、ずっとずっとだいじだと、彼《かれ》らは考《かんが》えています。

考《かんが》えてみればあたりまえのことですよね？外国《がいこく》に行《い》くと、日本《にほん》はお金《かね》もちで、技術《ぎじゅつ》が発展《はってん》した先進国《せんしんこく》だと、うらやましがられます。でも

私《わたし》は、決《けっ》して裕福《ゆうふく》ではないけれど、たくさんの家族《かぞく》にかこまれ、しごともほどほどに、お気楽《きらく》にくらす家族《かぞく》を、うらやましく思《おも》いました。

みなさんはどうですか？　幸《しあわ》せって、いったいなんだと思《おも》いますか？　お父《とう》さんやお母《かあ》さん、先生《せんせい》たちは、どう思《おも》っているでしょう？

この本《ほん》をきっかけに、ぜひ考《かんが》えてみてくださいね。

人力社《じんりきしゃ》（文章担当《ぶんしょうたんとう》）　中山茂大《なかやましげお》

みんなは、ごはんの写真《しゃしん》を撮《と》ったことありますか？　誕生日《たんじょうび》のごちそうとかじゃない、いつもの朝昼晩《あさひるばん》のごはんの写真《しゃしん》。撮《と》ったことのない人《ひと》は、ぜひ毎日《まいにち》、撮《と》ってみてください。そして何《なん》年《ねん》かすぎたころに、見《み》てみましょう。

アレ、この日《ひ》はぼくの大好物《だいこうぶつ》ばかりだったな。おや、この日《ひ》は野菜《やさい》がたくさんだ。前《まえ》の日《ひ》お肉《にく》だったからかな？　そんな新《あたら》しい発見《はっけん》がたくさんあって楽《たの》しいですよ。

毎日《まいにち》のごはんは、国《くに》によって全然《ぜんぜん》ちがいます。でもどの国《くに》でも、家族《かぞく》がおいしく食《た》べて元気《げんき》になれるようにと願《ねが》って作《つく》られています。

きみの今日《きょう》の晩《ばん》ごはんは何《なに》かな？　世界《せかい》の友《とも》だちときみが、今日《きょう》もおいしくごはんを食《た》べられますように!!

人力社《じんりきしゃ》（写真担当《しゃしんたんとう》）　阪口克《さかぐちかつみ》

〈参考文献〉もっと読みたい人へ

『チベット旅行記《りょこうき》（一）～（五）』河口慧海《かわぐちえかい》　講談社学術文庫《こうだんしゃがくじゅつぶんこ》

世界《せかい》で初《はじ》めて外国人《がいこくじん》としてチベットに潜入《せんにゅう》した日本人僧侶《にほんじんそうりょ》の大冒険《だいぼうけん》。

『カレーなる物語《ものがたり》』吉田《よしだ》よし子《こ》　筑摩書房《ちくましょぼう》

カレーの歴史《れきし》とその成《な》り立《た》ちなど、カレーについてのすべてをわかりやすく解説《かいせつ》。

『カレー学入門《がくにゅうもん》』辛島昇《からしまのぼる》　辛島貴子《からしまたかこ》　河出文庫《かわでぶんこ》

カレーと日本《にほん》とのかかわりなどをやさしい文章《ぶんしょう》で解説《かいせつ》。

『遊牧民《ゆうぼくみん》の知恵《ちえ》　トルコの諺《ことわざ》』大島直政《おおしまなおまさ》　講談社現代新書《こうだんしゃげんだいしんしょ》

「今日《きょう》できることは明日《あす》やれ」など、びっくり仰天《ぎょうてん》の格言集《かくげんしゅう》。

『アフリカを食《た》べる』松本仁一《まつもとじんいち》　朝日文庫《あさひぶんこ》

新聞社《しんぶんしゃ》の特派員《とくはいん》だった記者《きしゃ》のアフリカ食事事情《しょくじじじょう》ルポ。

『イエメンものづくし―モノを通《とお》してみる文化《ぶんか》と社会《しゃかい》』

佐藤寛《さとうひろし》　アジア経済研究所《けいざいけんきゅうしょ》

モノを通《とお》してイエメンのくらしを理解《りかい》できる、アラブ地域《ちいき》の入門書《にゅうもんしょ》。読《よ》みやすいオススメ本《ぼん》。

『砂糖《さとう》の世界史《せかいし》』川北稔《かわきたみのる》　岩波《いわなみ》ジュニア新書《しんしょ》

砂糖《さとう》を通《とお》して中世《ちゅうせい》～近代《きんだい》のちがった歴史《れきし》が見《み》えてくる。

『イスラム世界《せかい》おもしろ見聞録《けんぶんろく》』宮田律《みやたおさむ》　朝日新聞社《あさひしんぶんしゃ》

テレビや新聞《しんぶん》などの報道《ほうどう》ではつたえられないイスラム社会《しゃかい》のすがたが見《み》えてくる。

『女《おんな》ノマド、一人《ひとり》砂漠《さばく》に生《い》きる』常見藤代《つねみふじよ》　集英社新書《しゅうえいしゃしんしょ》

あまりふれられることがないアラブ女性《じょせい》についての記録《きろく》。

世界中からいただきます！

二〇一六年十二月　初版一刷

中山茂大　文

阪口克　写真

発行者

今村正樹

発行所

偕成社

〒一六二―八四五〇

東京都新宿区市谷砂土原町三―五

Tel：03-3260-3221（販売）

03-3260-3229（編集）

http://www.kaiseisha.co.jp/

ブックデザイン

大原大次郎

宮添浩司

イラスト・コラージュ

大野彩芽

印刷・製本

大日本印刷

NDC383 128P. 21cm ISBN978-4-03-645060-2

Tel：03-3260-3221　Fax：03-3260-3222

e-mail：sales@kaiseisha.co.jp